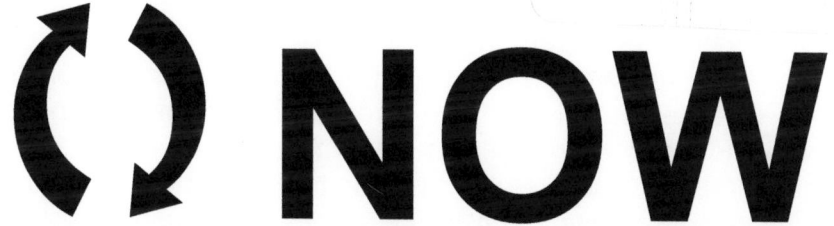

NOW

NIEMAND OHNE WIRKUNG
NICHTS   OHNE   WIRKUNG

SUI GENERIS
MENTALTRAINING
Entfaltung des absoluten reinen Potenzials

KLAUS THALHEIM

Wichtiger Hinweis

Die in diesem Buch vorgetragenen Inhalte wurden nach bestem Wissen und Gewissen und sorgfältiger Erarbeitung weitergegeben. Autor und Verlag übernehmen keinerlei Haftung für Schäden irgendeiner Art, die sich direkt aus der Anwendung oder Verwendung der Angaben in diesem Buch ergeben. Die Informationen in diesem Buch sind für Interessierte zur Weiterbildung gedacht. Das Buch ist kein Lehrbuch. Keine der aufgeführten Methoden ersetzt den Rat eines Arztes oder Heilpraktikers.

Copyright ©2016 by Klaus Thalheim
Alle Rechte sind vorbehalten
Herstellung und Verlag:
BoD - Books on Demand, Norderstedt
ISBN 978-3-7412-7022-2

Das Jetzt ist gesegnet
Der Rest erinnert
(aus: Die verlorenen Schriften von Jim Morrison (Dichter, Sänger), Wildnis, Verlag Schirmer/Mosel 1989, S. 42)

Wo Objektives und Subjektives aufeinandertreffen, verschwimmt das Gewebe der Realität. (aus: Supernormal von Dean Radin, Crotona Verlag 2015, S. 356)

1
Subjektive oder objektive Gestimmtheit

Alles Fragen beginnt ja schon in der Kindheit mit dem Ergebnis, dass man mehr oder weniger sinnvolle Antworten erhält, die allerdings weitere Fragen nach sich ziehen, auf die im besten Falle amüsante Antworten folgen. Irgendwann hat auch schon der noch sehr junge Mensch das Gefühl, dass es auf sehr viele Fragen wohl keine befriedigende Antwort zu geben scheint, und je nach Veranlagung legt er die Frage ad acta oder er ist ungehalten und forscht weiter nach. Im zweiten Fall geschieht dies meistens zum Leidwesen seines direkten Umfeldes.

Schnell fällt dem Heranwachsenden auf, dass akute Geschehnisse von mehreren Beteiligten sehr unterschiedlich wahrgenommen, interpretiert und geschildert werden. Ein eindeutiger Konsens zum Thema Realität ist oftmals nicht zu erzielen, und auch die Komponenten der Ereigniszusammenhänge werden so unterschiedlich wahrgenommen, ja sogar komplett anders und dabei oft auch noch variabel dargestellt, sodass an einer bewussten Wahrnehmung objektiven Charakters stark gezweifelt werden muss. Alle Widersprüche und Ungereimtheiten werden seitens der Erwachsenenwelt gegenüber dem jungen Erdenbürger vertuscht, rigoros abgeblockt, intellektuell kaschiert oder ignoriert. In den 1950ger und 1960ger Jahren, meiner Kinder- und Jugendzeit, war es ebenfalls an der Tagesordnung, dass sie auch einfach weggeprügelt wurden.

Der Pubertierende, der wirklich schon genug Probleme mit sich rumschleppt, muss sich zähneknirschend eingestehen, dass der Mensch von vielen Dingen nicht den geringsten Schimmer hat, er versucht aber mehr oder weniger galant, sein Unwissen und die damit einhergehende Unsicherheit zu kaschieren. Dieses Kaschieren wird zur ritualisierten, angstbasierten Verhaltensweise, dann zu einer automatisierten Gewohnheit, die bald in Vergessenheit gerät und Normalität gewinnt. Diesen Gewohnheiten nun auf die Schliche zu kommen, sie im Tageslicht entspannt zu betrachten, ihnen die Hand zu reichen und sie auf ihren Sinn bezüglich der akuten *Ist-Situation* hin zu befragen, sie dann gewähren zu lassen oder sie zu wandeln, wird u.a. in meiner kleinen Schrift thematisiert.

Wenn es uns dämmert, dass unser innerstes Wesen, das Sein, reine Potenzialität bereithält, wenn wir uns als reines Potenzial erkennen, das zu dem Einen werden, aber auch alles Andere sein kann, sich auf eine bestimmte Ausdrucksebene festlegen kann oder auch darauf verzichten kann, dann gewinnen wir wahre Freiheit. Diese Freiheit empfinden wir als Natürlichkeit und Gelassenheit und drücken sie durch Mitempfinden und achtsames, verantwortungsvolles Miteinander aus. Ganz selbstverständlich.

Stellen wir uns vor, dass ein menschliches Bewusstsein gleichzeitig einen subjektiven und einen objektiven Charakter haben könnte.

Subjektiv als persönliches *Bewusstsein* mit seinen selektiven Möglichkeiten im Bereich des *engen* und des *weiten Fokussierens* und der sich daraus ergebenden Interpretationsmöglichkeiten von Informationen, der *Schaltung von Realitäten*.

Objektiv als das *Bewusst – Sein* im Sinne des *absoluten reinen Potenzials*, das alles *bereithält*, was an Informationen existiert (und damit unendlich viele Kombinationsmöglichkeiten einzelner Informationen ermöglicht), aber in diesem Zustand des Bereithaltens aus sich heraus nichts hervorhebt, also objektiv Leere repräsentiert, die sich erst auf *Anfrage* wandelt und entwickelt, wenn also z.B. ein subjektives Bewusstsein eine *aktive Verbindung* zum reinen Potenzial herstellt und auf diese Weise subjektive Realität erzeugt und dynamisiert.

Je nach Art des inneren Zustandes, ob subjektiv oder objektiv gestimmt, bezeichne ich menschliche Präsenz als *Bewusstsein* oder als *Bewusst – Sein*.

Das subjektive *Bewusstsein* ist *angefüllt*, wodurch seine Präsenz verschleiert, unklar ist. Das objektive *Bewusst – Sein* ist *leer*. Die Präsenz ist klar und unverschleiert.

Menschliche Realitätsschaltung wird im Bereich des *Bewusstseins* initiiert. Der Bereich des *Bewusst – Seins* ist angesiedelt im *absoluten reinen Potenzial*.

Jedem effektiven Mentaltraining sollte vorrangig die *Leere* als ergänzender Gegenpol zu den beiden subjektiven Bewusstseinvarianten des *engen* und des *weiten Fokussierens* dienen.

Die Entwicklung der Möglichkeiten eines gewählten und nicht zufälligen Umgangs mit dem *engen* und dem *weiten Fokus* des subjektiven *Bewusstseins*, sowie mit der *Leere* im *absoluten reinen Potenzial* als Bereich aller Information/Energie des objektiven *Bewusst - Seins* ist der Kernbereich meines Textes.

Wenn der Mensch sich vom Tier durch seine Kraft der Imagination und seiner Möglichkeit des Gedankenaustausches unterscheidet,(wie es Thomas Suddendorf in seinem Buch, Der Unterschied, sagt) dann ist es nicht verwunderlich, dass er auf dem besten Wege ist, sich und seine Umwelt zu vernichten, denn weder seine eigene Vorstellung, noch seine Reflexion oder gar seine Kommunikation mit anderen Menschen haben in unserer Zeit einen sinnvollen Bezug zu den Gesamtzusammenhängen des Seins und den vielschichtigen Ausdrucksmöglichkeiten des Seins im jetzigen Moment. Die natürlichen Lebenszusammenhänge sind durch die Anspruchshaltung und die Ängste des Menschen extrem aus dem Gleichgewicht gebracht worden.

Es ist ein Gefühl da: Hunger.

Ein Bedürfnis folgt: Hunger stillen.

Eine Überlegung entsteht: Was tue ich dafür?

Die Handlungsentscheidung: Hat vielschichtige Auswirkungen auf die weiteren Gefühle, Gedanken und Handlungen, die folgen werden – auf die von mir selbst, aber auch auf die von anderen Menschen und anderen Lebewesen. Selbst auf alle anderen Dinge des Lebens hat die Handlungsentscheidung einen Einfluss.

Der Lernprozess: Wenn……..dann.

Erweiterter Lernprozess 1: Wenn…….dann trifft nicht grundsätzlich auf jede ähnliche, vergleichbare Situation zu, weil z.B. andere beteiligte Personen anders reagieren als erwartet, die Grundvoraussetzungen anders kombiniert sind, meine eigene Wahrnehmung und Interpretation von vielen Beeinflussungsfaktoren abhängig, und damit variabel und instabil ist.

Erweiterter Lernprozess 2: Keine Situation, auch wenn sie sehr ähnlich erscheint, ist wie eine andere Situation, es kann unscheinbare aber auch drastische Varianten der beteiligten Komponenten geben.

Erweiterter Lernprozess 3: Nicht ausschließlich auf die Erfahrung pochen, vor allem Aufmerksamkeit und einen klaren Geist entwickeln, stabilisieren und auf die Ist-Situation beziehen.

Erweiterter Lernprozess 4: *Wenn…..dann* und *sowohl als auch* erweitern die Bezugnahme und den Handlungsrahmen.

Ein einfaches, kleines Szenario mit möglicherweise gigantischen, aber nicht vorhersehbaren Folgen, einer dynamischen Ereigniskette, die alles in Bewegung versetzt, auch wenn wir als hungriger Mensch, der sein Bedürfnis befriedigen möchte, das gar nicht mit unserem stark eingeschränkten Bewusstseinsfokus überschauen.

Das, was wir gemeinhin als Bewusstsein bezeichnen, sind chaotische Impulse, entstanden aus Kombinationen von: Wille, Wunsch, Befürchtung, Glaube, Annahme, Hoffnung, Vorstellung, Angst, Freude, Ekel, Erregung, Trauer und Hilflosigkeit, also Impulsmischungen aus Bestandteilen, die wir Gefühle und Gedanken nennen. Gefühle, Gedanken, ihre Strukturierung, ihre Ordnung und Abrufbarkeit sortieren wir unter Begriffe ein wie: Psyche, Geist, Seele, Verstand, Bewusstsein, Unterbewusstsein. Diese Begriffe sind Wörter, die uns Halt und Sicherheit vermitteln sollen durch Erklärung und Zuordnung. Wie alles tatsächlich funktioniert, bleibt uns allerdings zeitlebens ein Rätsel, und dass diese Begrifflichkeiten Seinszusammenhänge verzerren und einschränken, ja eigentlich überhaupt nichts zum Verständnis des Seins beitragen, haben wir schon lange vergessen.

Ein Wesen hat Bewusstsein, wenn es subjektive Erfahrungen hat – wenn es die Welt irgendwie erlebt.
(aus: David Chalmers (Philosoph), S. 57, Zeitschrift Hohe Luft kompakt, Sonderheft 1/15)
Ich betrachte Bewusstsein als fundamental. Ich betrachte Materie als ein Derivat(Ableitung) des Bewusstseins. Hinter das Bewusstsein können wir nicht dringen. Alles, worüber wir sprechen, alles, was wir als existent betrachten, postuliert(fordert) Bewusstsein.
(von: Max Planck (Physiker), aus: The Observer, 25.1.1931, S.17, Russell Targ (Physiker), PSI, die Welt ist anders, als sie zu sein scheint, Crotona,2013)

2
Es gibt nichts Konstantes

Mystiker, Philosophen, Wissenschaftler und Interessierte unserer Zeit sehen ein *universelles Informationsfeld,* das ein gigantisches Potenzial darstellt, das jede Art von Informationen in sich trägt, und wenn ein Bezug zu diesem Feld aktiviert wird, diese Informationen bereitstellt. Erlebt, fühlt, denkt ein Mensch, so sind es die Informationen aus diesem Feld, die maßgeblich involviert sind und in dem Augenblick des Erlebens, Fühlens und Denkens durch diesen einen Menschen kombiniert, verknüpft, miteinander verbunden werden, sodass seine persönliche Realität durch diese Informationskombinationen entsteht. Der Mensch nimmt einen aktiven Bezug mit kreativer Gestaltung (Art der Fragestellung, Erwartung, Befürchtung, Deutung, Vision, Kombination, Intuition, Empfindung, Entscheidung, Handlung) zu den Informationen des Feldes, gibt aber im eigentlichen Sinne keine neuen Informationen hinzu, sondern er jongliert vielfältig mit den vorhandenen Informationen, um sie irgendwie, scheinbar bedürfnisgerecht miteinander zu verknüpfen. Eben nur seine eigene Kombination bestimmter Informationen ist durch die Verknüpfung entstanden, und damit etwas momentan Einzigartiges, das sich in einem ständigen Wandel befindet.

Leben ist Wandel, eine Art Schwebezustand, also wandelt sich auch die einzigartige Information ständig, die gerade eben durch eine Verknüpfung entstanden ist. Da sie etwas bewirkt, was die Zusammenhänge verändert und neue Informationskombinationen bereitstellt, ist ein Wandel vollzogen worden. Das geschieht blitzschnell und permanent. Es gibt also nichts Stabiles, obwohl wir es gern so hätten, und unser Bewusstsein es uns auch vortäuscht.

So wie angenommen wird, dass der Kosmos eine konstante Energiemenge aufweist, die nicht abnimmt oder zunimmt, sondern sich wandelt, so wird diese Vorstellung auf universelle Informationen bezogen, die sich wandeln können, wenn aktiv kreative Verbindungen, die sich dann dynamisieren, hergestellt werden.

Das nicht auftrennbare Beziehungsgefüge darf nicht als reines Informationsfeld in unserem bekannten dreidimensionalen Raum aufgefasst werden, sondern als ein ständig sich wandelndes, komplex informiertes, lernfähiges Erwartungsfeld in einem ganz andersartigen hochdimensionalen, ja unendlich dimensionalen Raum. (aus: Geist, Kosmos und Physik, S. 123, Hans-Peter Dürr (Physiker), Crotona, 2012)

Dieses Buch beschäftigt sich mit dem Thema, welche Varianten des aktiven Bezugnehmens ein Mensch nutzt, um dem ständigen Wandel gerecht zu werden, und welche Rolle unser so genanntes Bewusstsein dabei spielt.

Ich möchte zu diesem vielschichtigen Thema Stellung beziehen aus der Sicht des von mir entwickelten *Sui Generis Mentaltrainings,* das die technischen Arbeitskomponenten Meditation, Tai Chi Chuan, Qi Gong, Sprache, Berührung, Ritual, sowie letztendlich den Bezug zum Alltagsleben nutzt.

Eine wesentliche Hauptannahme ist das *Sein* eines Menschen als, durch und mit einem *universellen Informationsfeld*, dem ich die Bezeichnung *absolutes reines Potenzial* gegeben habe.

Auch dieses Buch ist hauptsächlich in intuitiver Weise geschrieben, so wie mein Buch von 2008: *Die Pause der Tänzerin.*

Ich erhebe also keinerlei Anspruch auf Objektivität, Wissen oder Weisheit, sondern schreibe aufgrund meines subjektiven Erlebens und der Deutung dieser Erlebnisse und liebe es natürlich, mich durch die Ansicht anderer Menschen bereichern zu lassen. Deshalb ist dieses Mal eine Literaturliste beigefügt.

Ich-Bezogenheit gründet sich auf einem Selbstbild, welches sich auf einer Illusion und Desillusionierung aufbaut. Daher stellt es ein Nichts dar. Bei einer wahren Individualität entfaltet sich ein wahres Sein auf seine besondere Art in diesem einen Augenblick aus dem Ganzen heraus. (aus: Alles Leben ist Eins von Renée Weber, S. 51 Aussage: David Bohm; Crotona Verlag 2012)

3
Mentaltraining

Mental: 1 geistiges Training; 2 nur gedacht, unausgesprochen, bewusst zurückgehalten; mental, lat. – mentalis: geistig, in der Vorstellung vorhanden; lat. – mens: Geist, Verstand, Vorstellung; Mentalität: seelisch - geistige Einstellung; (aus: Wahrig Fremdwörterlexikon, S. 584, Bertelsmann, 1999)

Mentaltraining sollte die Fähigkeit des *Weitens* fördern und nicht die des *Einschränkens*, denn Einschränkungen machen wir überwiegend. Deshalb ist es ratsam, dem Mentalbereich *Futter* zu geben, das ihn vielfältig fordert. Damit das Futter dann auch optimal verwertet werden kann, kommt dem Zusammenspiel von Anregung, Interesse, Wahrnehmung, Verarbeitung, Abrufbarkeit, kreativem Erschaffen und einer Distanz zu allem durch *Leere* eine sehr große, zentrale Bedeutung zu. Der Zeitpunkt, wann und in welcher Qualität jeder dieser Teilaktivitäten greift, spielt eine außerordentlich wichtige Rolle, denn wir leben in einer dynamischen

Gegenwart. Unser Dasein befindet sich in ständigem Wandel. Wir erleben real keine Vergangenheit oder Zukunft, wir denken nur zurück in die Vergangenheit oder voraus in die Zukunft. Eine Gegenwart erleben wir nicht als fixen Moment, denn sie hält ja nicht an, sondern sie verändert sich in 2,7 Sekunden. Alles was von uns wahrgenommen, erlebt, empfunden, bewertet und gestaltet wird, entspringt einem endlosen Wechselspiel der Informationsverarbeitungen, das sein Informationsfutter von dem eigenen Inneren oder dem so genannten Außen erhält, es dann verarbeitet, und durch Gedanken, Gefühle und Handlungen, durch Energie und Information wieder abgibt. Außen und Innen sind eine nicht voneinander getrennte Einheit. Ein lebender Mensch prägt innerhalb dieser Einheit durch seine Aktionen (Gedanken, Gefühle, Handlungen) einen momentanen Schwerpunkt, den er als Realität isoliert und definiert. Der eigentliche Kontakt zur Mitwelt besteht aber nur zu einem geringfügigen Anteil in dieser isolierten Realitätsvorstellung eines Menschen. Er existiert fast ausschließlich in der Einheit von Außen und Innen durch eine Art Informationspool sämtlicher Seinsphänomene, dem *absoluten reinen Potenzial*, das alle Menschen und lebendigen Wesen und letztendlich auch jede Materie mit *Potenzial*, Möglichkeits- und Wahrscheinlichkeitsinformation beliefert. Auf dieser Möglichkeits- und

Wahrscheinlichkeitsebene erhalten wir jeder Zeit jede Information, wenn wir einen Bezug nehmen, der der eigenen inneren Ausrichtung bewusst, hauptsächlich aber unbewusst entsprungen ist. Wir alle haben Gedanken/Gefühle (das eint uns Lebewesen) – aus dem *absoluten reinen Potenzial* – nur nicht zur gleichen Zeit, nicht in einem gleichen Bezug, und auch nicht in einer gleichen Kombination (das trennt uns Lebewesen).

Die Kompatibilitätsebene des *absoluten reinen Potenzials* unserem menschlichen Bewusstsein-Unterbewusstsein-Komplex so zu öffnen, dass sich die Wahrnehmungs-, Ordnungs-, Bewertungs – und Handlungsanteile des Bewusstseins derart wandeln, sodass sich ein *Bewusst – Sein** entfalten kann, sollte die Aufgabe eines guten Mentaltrainings sein. Deshalb entstand das *Sui Generis Mentaltraining*. (*bewusst gewählte, praktisch angewandte Wechselwirksamkeit von Immanenz und Transzendenz)

(*Immanent:* innerhalb der Grenzen der Erfahrung, Erkenntnis bleibend; *Transzendent:* die Grenzen der Erfahrung und des sinnlich Wahrnehmbaren überschreitend;)

4
Gewichtige Mitspieler

Zwei gewichtige Mitspieler des *Sui Generis Mentaltrainings* sind das Unterbewusstsein und das Bewusstsein. Am besten stellt man sie sich als Tennisspieler vor. Der eine Akteur kann ohne den anderen Aktivisten nicht spielen. Sie bilden eine zusammengehörige Einheit.

Das Unterbewusstsein hat den Aufschlag, das Bewusstsein muss mit verbundenen Augen parieren.

Wie man sich denken kann, trifft das Bewusstsein keinen einzigen Ball.

Damit sich für das Bewusstsein etwas verbessert, versucht es alles, was es hat, in die Waagschale zu werfen. Aber es nützt wenig, denn die Geschwindigkeit des geschlagenen Balles ist viel zu hoch, es muss die Augenbinde loswerden.

Dies ist allerdings ein riesiges Verarbeitungsproblem. Als Vergleich: Das Unterbewusstsein verarbeitet 11 Millionen Eindrücke pro Sekunde, das Bewusstsein in der gleichen Zeit 40. (Welt der Wunder 9/07, S.16, und auf S. 52 in Dean Radin´s Buch Supernormal heißt es: …manche Experten schätzen, dass wir drei Billionen mal mehr Informationen erhalten, als wir bewusst wahrnehmen können) **Nimmt das Bewusstsein also die Augenbinde abrupt ab, fällt es tot um, da die Überforderung das komplette System kollabieren lassen würde.**

Nun bilden Bewusstsein und Unterbewusstsein eine von einander abhängige Spielgemeinschaft und dem Unterbewusstsein macht es nicht viel Freude, wenn das Bewusstsein keinen Ball zurückgeben kann, denn es entsteht überhaupt kein erbauliches Miteinander.
Beide setzen sich an den Spielfeldrand um zu überlegen, was getan werden kann.
Das Unterbewusstsein ist sehr schnell, dabei leider nicht sehr genau, man kennt so etwas. In 0,15 Sekunden hat es sich ein entscheidendes Bild des Jetzt gemacht, (Welt der Wunder 9/12, S.78) und in den restlichen 0,75 Sekunden bestätigt es dieses schnelle Urteil, das auf Abgleichungsaktivitäten mit gespeicherten und geordneten Erfahrungsdaten beruht. Ob der 0,15 Sekundeneindruck und die folgenden Abgleichungsaktivitäten mit den Erfahrungsdaten nun so zuverlässig sind, wie sie sein sollten, ist doch sehr zweifelhaft. Einen Jetztmoment haben unsere Wissenschaftler auf 2,7 Sekunden festgelegt. Es fallen in diesen 2,7 Sekunden also 29,7 Millionen verarbeitete Eindrücke für das Unterbewusstsein an. 108 fallen für das Bewusstsein mit den verbundenen Augen an, das sich irgendwie behelfen muss, aber natürlich in diesen 2,7 Sekunden niemals mit dem Jetzt fertig werden kann. Es hinkt zeitlich immer hinterher oder visioniert in die Zukunft. Das Bewusstsein hat seine ganz eigene Welt, die es sich aus Vorstellungs-

schnipseln von Vergangenem oder aus möglichen Zukunftsszenarien zurechtlegt, egal, was gerade wirklich geschieht. So kann es keinen jetzt fliegenden Ball treffen, höchstens durch einen sehr glücklichen Zufall, ähnlich der Jagd der Wissenschaftler nach dem Higgsteilchen.

Die beiden beschließen, dass das Unterbewusstsein erstmal weitermacht wie gehabt, sich aber nicht ganz so massiv aufdrängt, während das Bewusstsein weiterhin seine Fähigkeiten ausbaut und gleichzeitig daran arbeitet, die Augenbinde immer ein wenig zu verschieben, sodass zuerst etwas Licht einfällt, später Umrisse erkannt werden, die mit der Zeit immer mehr Gestalt gewinnen können. Das Bewusstsein lässt sich Zeit für die Anpassung, sehr viel Zeit, während das Unterbewusstsein eben ist, wie es ist, ohne sich immer gleich in den Vordergrund zu drängen. Es lässt also mal das Bewusstsein einen Aufschlag machen, egal ob es klappt und wo der Ball dann auch hinfliegen mag. Auch gibt es dem Bewusstsein mal einen leichten Aufschlag vor und sagt die Ecke an, damit es durch viel Glück vielleicht ein Erfolgserlebnis verzeichnen kann.

Im *Sui Generis Mentaltraining* werden also die Sinne geschärft und dadurch, das Gedanken/Gefühle und Bewertungen entspannt, sozusagen neutralisiert sind, werden die Sinne offen gehalten – das bedeutet, dass das Zuordnen und Interpretieren eine frei fließende, jetztbezogene Konstruktion, die sich aufbaut und wieder zerfällt, um sich sofort neu zu konstruieren, wird.

Wenn das Unterbewusstsein statt einem scharf umrissenen Vorurteil eine weich gezeichneten Intuition dem Bewusstsein vorlegen würde, könnte das Bewusstsein einen fließenden Bezug zum Jetzt entwickeln und müsste nicht ausschließlich korrigierend oder rechtfertigend auf die Taten des Unterbewusstseins, die auf Vorurteilen basierten (einem sehr engen Fokus), nachträglich einwirken.

Der Aufschlag des Unterbewusstseins richtet sich also mehr auf die Möglichkeiten des Bewusstseins aus. Anstatt es besiegen (beherrschen) zu wollen, spielt es mit ihm zusammen. Ebenso erschließt sich seinerseits das Bewusstsein mehr eine unterschiedliche Sicht, damit es sich auf die Schnelligkeit des Unterbewusstseins einstellen kann. Es übt sich gleichzeitig in einer Art von Wachstum und Dynamik. Beide gewinnen bei diesem Zusammenspiel, denn das Unterbewusstsein wie das Bewusstsein gewinnen an Genauigkeit, die sich auf das Jetzt bezieht.

Das Unterbewusstsein öffnet ein Potenzial einer gewaltigen Wahrscheinlichkeit und Möglichkeitenauswahl z.B. aus dem genetischen Gedächtnis oder dem interdimensionalen kollektiven Bewusstsein, während das Bewusstsein sich erweitert in der Wahrnehmung dieses Potenzials.

Die technischen Arbeitsmittel des *Sui Generis Mentaltrainings* sind der Körper und das Denken/Fühlen in seiner komplexen Wechselwirkung mit seinem akuten, vorgestellten und erinnerten Umfeld und dessen Prägungen in der Unterbewusstsein/Bewusstsein – Zusammenarbeit.

Die herausragende Komponente des *Sui Generis Mentaltrainigs* ist allerdings die arbeitstechnische Annahme, dass unserem menschlichen System eine Wechselwirksamkeit mit einem allumfassenden *absoluten reinen Potenzial* zugrunde liegt, welches einen frei fließenden Strom von Informationen bereithält, mit dem unser ganzheitliches System wechselwirksam korrespondiert und Erwartungen, Wahrscheinlichkeiten, Entwicklungen mit Hilfe von Energie zu Realitäten formt. Unser System ist ein Bestandteil dieses *absoluten reinen Potenzials*.

5
Futter

Dem Mentalbereich Futter zu geben, wird im *Sui Generis Mentaltraining* durch zwei Dinge erreicht: a. *Meditation* und b. *aufmerksame, achtsame Aktion*. Die Faktoren des Zusammenspiels als Einheit werden in dieser Schrift auch als *enger Fokus* (allgemein: punktuelle Aufmerksamkeit), *Abstand – Draufschau* oder *weiter Fokus* (allgemein: Feldaufmerksamkeit) (beide zu b. gehörig) und *Leere* (kein gerichteter Fokus, reines, nicht von der Ganzheit getrenntes, fließendes Bewusst-Sein, zu a. gehörig) beschrieben.

Ein wirklich gutes Mentaltraining sollte grundsätzlich etwas Neues aus den zur Verfügung stehenden Seinskomponenten hervorbringen, denn der dynamische Fluss des Lebens und des Seins ist in jeder Sekunde etwas Neues. Dieses Neue kann nach den Kriterien des *Sui Generis Mentaltrainings* nur entstehen, wenn sich das Alte in seiner bisherigen Form wirklich auflöst, und die dynamischen Seinskomponenten unbelastet ein neues Gefüge bilden können.

Dieses Auflösen geschieht im Bewusstsein – Unterbewusstsein – Wahrnehmungs- und Verarbeitungskonzept auf allen Ebenen gleichzeitig ineinandergreifend, damit sich in der Konzeption ein vollkommen neues Gefüge bilden kann.

Um alle Ebenen des Bewusstsein – Unterbewusstsein – Wahrnehmungs- und Verarbeitungskonzeptes sinnvoll zu aktivieren und wirksam werden zu lassen, ist das *Sui Generis Mentaltraining* entstanden, das nicht nur die persönliche, innere Wahrnehmung und Verarbeitung von Reizen beleuchtet, sondern auch die Wechselwirksamkeit der überlagerten und verschränkten *absoluten reinen Potenziale* mit der persönlichen Informationsverarbeitung berücksichtigt.

Durch den Vorgang des Auflösens und Neugestaltens unterscheidet sich das *Sui Generis Mentaltraining* von einem reinen, üblicherweise gängigen Tauschkonzept. Das bisher wohl am häufigsten angewandte Modell heißt: Tausche schlechte Vorstellung gegen gute Vorstellungen und erwarte ein besseres Endergebnis, indem du dieses als Realität vorherfühlst, vorherdenkst und einstudierst, um es dem zukünftigen Augenblick überzustülpen. Bei dieser Konzeption sind unzählige unplanbare Echtzeitdynamiken des akuten Augenblicks und Faktoren, die sich gegenseitig behindern zu erwarten, da diese Vorgehensweise ein *erdachtes Programm* für eine *fiktive* Zukunft entwickelt, und sich nicht an dem gerade aktuellen, sich dynamisch entwickelnden Moment *frei fließend* orientiert. Weiterhin stellt die Relativität der Begriffe *gut* und *schlecht* ein Problem in sofern da, dass die Vorstellung eines zukünftigen Ereignisses mit einem diesbezüglich eigenen *guten* Verhalten in der realen Zukunftssituation sich durchaus als *schlecht* erweisen kann, weil die Ereigniskette sich anders als geplant entwickelt hat, und Begriffe wie gut und schlecht sich auf etwas beziehen müssen, das in seiner Wertigkeit nicht unbedingt statisch ist.

„Der weltlich gebundene Mensch lebt und stirbt wie ein Wurm im Schmutz, ohne eine Ahnung von seiner Unreinheit zu haben. Die Fliege sitzt abwechselnd auf dem Misthaufen und dem Zucker; die Biene aber trinkt den Honig, weiter nichts." (aus: Ramakrishna, S.66, Leben und Gleichnis, O.W.Barth Verlag 1975)

6
Solve et coagula

Löse und verbinde. Diese alchimistische Schlüsselformel könnte als ein Kernpunkt des *Sui Generis Mentaltrainings* gesehen werden.

Wer aus Dreck Gold machen möchte, kann ja versuchen den Dreck golden anzumalen. Kommt dir das bekannt vor? Machst du das manchmal vielleicht? Dreck bleibt aber Dreck, auch wenn die Farbe, die Form oder der Geruch anders wirken, oder wir uns einzureden versuchen, dass der Dreck jetzt Gold ist.

Die Makulatur bringt tatsächlich gar nichts. Es muss eine wirkliche Wandlung stattfinden. Wandlung heißt, dass etwas Bestehendes zerfällt und dessen Bestandteile zu etwas vollkommen Neuem beitragen.

Nehmen wir das schöne Beispiel eines Bauern. Er bringt den Prozess des Lösens und Verbindens in Bewegung. Er ist zwar nicht der wahre Magier, sondern die Natur, aber er weiß, wie aus Dreck Gold entstehen wird und handelt entsprechend, und damit ist er doch ein Magier, denn er handelt als ein Teil der Natur mit der Natur. Er befördert einfach die Ausscheidungsprodukte seiner Rinder als Jauche und Mist auf den Acker, auf dem sich die Ausscheidungsbestandteile mit der Erde, dem Wasser, der Sonne und Informationen in einem Zeitablauf so verbinden, dass aus einer in die Erde gebrachten Saat Getreide entsteht.

Mist, Saatgut, Information, Erde, Sonne, Wasser, Zeit, Getreide, Nahrung. Ein Zeitstrahl, auf dem sich die richtigen Zutaten, Ereignisse und Informationen verbinden, macht aus Dreck Gold.

Löse und verbinde ist der Leitsatz für das Bewusst – Sein, wie es im *Sui Generis Mentaltraining* verstanden wird. Nach dem Lösen (im *absoluten reinen Potenzial*) ist das Verbinden (in der polaren Welt) der entscheidende Augenblick, in dem wesentliche Eigenschaften wie: enger Fokus – weiter Fokus - Leere, Nähe und

Distanz, Absicht und Koordination, Vertrauen, Zuversicht, Tatkraft, Achtsamkeit, Sammlung und Weisheit in natürlicher Weise aufeinander abgestimmt werden. Immer wieder neu.

Die Quantentheorie zeigt: Das Primäre ist das Ausgedehnte, und das Lokale ist etwas, das nicht das Primäre ist, sondern das, was sich im Laufe der Entwicklung ergibt. (aus: S.17, Zeitschrift Tattva Viveka, Ausgabe 49/11-2011, Artikel: "Licht, Leben und Bewusstsein" von Dr. Brigitte Görnitz und Prof. Dr. Thomas Görnitz)

7
Urknall

Wenden wir uns kurz dem Urknallmodell zu. Es wird angenommen, dass vor der Entstehung des momentan sichtbaren Kosmos und der Welt, wie wir sie wahrnehmen, eine Ganzheit bestand, die sich nach einem gewaltigen Urknall in unzählige Einzelteile spaltete, die sich voneinander entfernten und auf unterschiedlichste Art, aber nach Gesetzmäßigkeiten einer ursprünglichen Ganzheit, die wir uns hier als Potenzial vorstellen wollen, entwickelten. Auch heute noch wird diese Expansion beobachtet.

Alles driftet, aus einer Ganzheit kommend, ewig auseinander. Dabei tragen alle durch den Urknall entstan-

denen Einzelteile die Informationen der Ganzheit in sich. Diese Informationen waren Bestandteil der Ganzheit, und sie sind Bestandteile aller nach dem Urknall entstandenen Einzelteile und den aus ihnen resultierenden Neukreationen. Die alles zusammenhaltende Verbindung ist das absolute reine Potenzial, das als ein Solches keine Dynamik, Raumzeit und Polarität besitzt, deren sich entwickelnde Einzelteile sich aber der Dynamik, Raumzeit und Polarität bedienen. Das absolute reine Potenzial birgt die Wahrscheinlichkeit einer dynamischen Entwicklung jedweder Art.

Stellen wir uns vor, dass die Informationen, die Potenziale der ursprünglichen Ganzheit in den weit voneinander entfernten Einzelteilen, die durch den Urknall entstanden sind, weiterleben. Der entstandene und expandierende Kosmos mit allen seinen Phänomenen weiß von sich als Ganzheit, trotz der Abtrennung und unterschiedlichen Entwicklung der vielen Einzelteile, und tauscht zeitgleich an jedem Ort Informationen aus.

Nur wir derzeitig existierenden Menschen können eine persönliche Erweiterung hin zu dem Potenzial bewusst anstreben, erleben und leben. Das nehmen wir zumindest an. Das Vorurknallpotenzial aber ruht ewig in sich selbst und ist vollständig. Der Mensch allerdings hat in seiner Erlebniswelt auf einem Zeitstrahl zwischen Anfang und Ende, einer Polarität, die Möglichkeit der Entwicklung in die Nähe des Ursprunges, des *absoluten reinen Potenzials*. Auf diesem Zeitstrahl kann ein Mensch verschiedene Bewusstseinsmomente unterscheiden, und er kann kurzfristig das Zeiterleben aufheben, danach kehrt er zurück in das Raumzeiterleben, solange er ein lebendiger Mensch ist.

8
Quanten, Bewusstsein und so weiter

Als ich vor einiger Zeit damit begann, mit dem Gedanken an dieses Schriftwerk zu spielen, hatte ich sehr früh einige Beispiele für Untertitel wie: *Quantenvakuumdiving, Quantenfeldswimming* usw. In den folgenden Zeiten wurde der Buchmarkt allerdings mit Werken überschwemmt, die das Wort Quanten im Titelbereich führten. Mich wundert, dass noch kein VW Quant auf den Markt gekommen ist (das war meine Idee, liebe VW Manager, nennt den neuen Bulli so und schenkt mir einen).

Ich verwarf also meinen Plan eines Untertitels, indem das verkaufsfördernde Wörtchen Quant vorkommt, man will sich ja abheben von den anderen, und gab damit meiner Mutter recht, die mir zeitlebens bescheinigte, oftmals gute Ideen zu haben, aber einen miserablen

Geschäftssinn. In den Titel kommt mir nichts mit Quanten. Dafür werde ich jetzt versuchen, etwas darüber zu sagen.

Quanten ist ein anderes Wort für Portionen. Das passt gut zum Thema, denn unsere Mentalfunktionen portionieren ebenfalls durch Selektion. Es werden Quanten ohne (Licht, reine Energie) und mit Masse (Protonen, Elektronen oder Neutronen) unterschieden. Weiterhin kennt man Strukturquanten, die die inneren Strukturen von Protonen und Neutronen festlegen. Zu diesen Strukturquanten gehören Quantenbits. Ein Quantenbit stellt man sich über den gesamten kosmischen Raum ausgedehnt vor, dabei ist es nicht lokal festgelegt. Für diese absolute Information wurde der Begriff Protyposis geschaffen. Quantenbits können zu Quantenteilchen, diese wiederum zu Quantenfeldern werden.

Protyposis erscheint als Materie, als Energie und als Information.

Lebewesen benötigen Informationen, denen sie Bedeutungen geben, um ihr Erleben und Überleben zu sichern. Das menschliche Erleben ist überwiegend unbewusst. Das Unterbewusstsein kocht sein Süppchen, während das Bewusstsein sich im Spiegel bewundert und laut und deutlich formuliert: „Das bin ich, ich bin schön." Dann plötzlich zuckt es erschrocken zusammen: „Wer bin ich, was bin ich, wozu bin ich". Das Bewusstsein eines Menschen ist eine Quanteninformation, die sich selbst zum Teil erlebt und kennt, ein Selbstbewusstsein, das eine Portion des absoluten reinen Potenzials, eines *Bewusst – Seins* ist.

Stirbt der Mensch, dann verlässt kein Atom seines Körpers und kein Quantenbit seiner psychischen Konstellation (Unterbewusstsein, Bewusstsein, etc.) den Kosmos.

Die psychische Information existiert demnach auch über den leiblichen Tod hinaus und jedes Elementarteilchen des menschlichen Körpers besitzt eine Informationswelle von dauerhaftem Bestand. 2012 wurde im Genfer Kernforschungsinstitut CERN das Higgs –Boson (sorgt für Masse bei Quarks, Elektronen) nachgewiesen, und dadurch wird die Vermutung, dass ein unsichtbares Energiefeld das gesamte Universum durchzieht, bestätigt (sagen die Wissenschaftler).

Mein Gott, es ging schon immer viel einfacher, billiger und schneller, ein holistisches Erleben zu genießen.

Ein Meditierender dämpft das Aktivitätsniveau im hinteren Stirnlappen. Dort konstruiert und grenzt sich das Ich von der restlichen Welt ab, glaubt der moderne Hirnforscher. Ein gedämpftes Aktivitätsniveau lässt die Grenzen zwischen dem Ich und dem Rest des Kosmos verschwimmen, das Gefühl der Einheit, Ganzheit, Verbindung entsteht. Bei meditierenden Menschen wurde eine erhöhte Gammawellenfrequenz festgestellt. Ab einer Frequenz von über 30 Hertz sind kognitive (auf Erkenntnis beruhende) Höchstleistungen an der Tagesordnung. Ein Medifreak befindet sich also in einem extrem wachen Zustand, was ein unbedarfter Beobachter nicht unbedingt für bare Münze nehmen würde.

Das *Sui Generis Mentaltraining* nutzt die absolute Vernetzung im Kosmos, die jederzeit und überall vorhandene Informationen jeder Art bereitstellt – und den ungewöhnlich wachen Zustand, den eine Meditation mit sich bringt – um eingefahrene persönliche und kollektive Muster im Körper-Geist-Seele-System in Bewegung zu versetzen und die Informationen, die überall im Kosmos vorhanden sind, bewusst und real ins jetzige Dasein dynamisch zu integrieren.

Das *Sui Generis Mentaltraining* strebt immer einen Bewusst – Seins – Zustand an, der alle Seinsphänomene integriert und *bewusst* zu verschiedenen Zeiten unterschiedliche Schwerpunkte kurzfristig herausstellt und jetztbezogen dynamisiert, statt überwiegend starre, unbewusste Muster anzulegen, die dauerhaft niemals situationsgerecht aktiv sein können. Dauerhaft real ist der ewige Wandel, und diese grundlegende Seinsformel nutzt das *Sui Generis Mentaltraining* mit allem, was dem Menschen an körperlich – geistig – seelischen - Möglichkeiten derzeit zur Verfügung steht.

9
Wir erinnern uns nur an das, was nie geschehen ist

Zu meinem Geburtstag 2012 bekam ich den Roman *Marina* von Carlos Ruiz Zafón geschenkt. Ein feines Buch zur Entspannung, damit ich ein wenig Abstand zu meiner Arbeit an dem Thema Mentaltraining finden konnte. Gleich am Anfang auf Seite 7 fiel mir folgender Satz auf ewig ins Hirn:
"Wir erinnern uns nur an das, was nie geschehen ist."
Ein Hammer – man könnte ganze Abhandlungen über diesen Satz verfassen, und er ist so schön treffend bezüglich des Mentaltrainingthemas.
Wir wandeln alle Erinnerungen in unserem Unterbewusstsein und in unserem Bewusstsein bis hin zu so nie geschehenen Ereignissen. Natürlich ist dieser Wandel der Erinnerungen ein bekanntes und verständliches Phänomen, das wir uns leicht erklären können, aber wir denken selten daran, dass sich in der Erinnerung vieles umgestaltet. Im Gegenteil, wir halten viele Erinnerungen und Erfahrungen für wahr, und sie sind sehr bedeutend hinsichtlich unserer Entwicklung, Persönlichkeit und dem Umgang mit unserem Jetzt. Immer wieder, wenn ich mit ganz alten Freunden über längst vergangene Zeiten spreche, wird das sehr deutlich.

Unsere ganze Anschauungswelt, unser Wertekatalog, unsere Realitätsbilder basieren auf Erinnerungen, Erfahrungen und Analysen/Synthesen eines Bewusstsein/Unterbewusstsein - Komplexes, der im wechselwirksamen Zusammenspiel die akuten Wahrnehmungen mit Erinnerungen und Empfindungen zu Realitäten ordnet, die es so eventuell niemals gegeben hat oder gibt.

Wenn wir beginnen, unsere Aufmerksamkeit – Wahrnehmung – Interpretation – Erwartung – unser Bewusstsein zu aktivieren und auf etwas zu richten, dann schalten wir Realität in unsere Bewusstsein – Unterbewusstsein – Dynamik. Wie der Strom fließt, wenn wir den Schalter betätigen, so fließt dann auch unsere persönliche Realität. Alle Informationen fließen gleichzeitig – vergangene Erfahrungen, akute Selektionen, *absolutes reines Potenzial* – und bilden eine dynamische Komplexität ewigen Wandels mit reichlichem Chaos.

Wir leben wohl nicht in einem Universum, in dem sich Materie – durch einfache Prinzipien von Ursache und Wirkung gelenkt – in einem neutralen Raum bewegt. Vielmehr gelangen wir immer mehr zu der Erkenntnis, dass wir in einer sich entwickelnden, spontan und dauerhaft vernetzten, grundlegend integralen (ein Ganzes ausmachend, für sich bestehend, vollständig) *Realität leben.* (aus: Der Quantensprung im globalen Gedächtnis, S. 96, Ervin Laszlo, Verlag Via Nova, 2008)

10

Wo liegt die Betonung des *Sui Generis Mentaltrainings*?

In der Juniausgabe 2012 der Zeitschrift Matrix steht auf S. 19 ein Bericht von Franz Bludorf. In ihm ist zu lesen, dass Herr Putin eine neue Militärforschungsbehörde nach dem Vorbild der DAPRA des Pentagon (USA) gründen möchte. Ziel der Militärforschung: Das menschliche Bewusstsein. Z.B. soll daran gearbeitet werden, mit niederfrequenten elektromagnetischen Wellen Gehirnzellen zu beeinflussen, den Bewusstseinszustand zu verändern, Suggestionen und Befehle direkt in die Denkprozesse eines Menschen einzuspeisen. Ein manipulativer Eingriff, der alles Bisherige (nehme ich mal an) in den Schatten stellt. Ethik, Moral, Menschlichkeit und viele andere Werte leiden schon seit langer Zeit erheblich unter den Praktiken führender Personen der Wirtschaft, der Religionsgemeinschaften, der Politik (der Militärs) und der Informationsmedien. Putins Zielsetzungen, die ebenso von den USA und sicherlich noch von vielen anderen Staaten verfolgt werden, sind der bisherige Gipfel der Menschenverachtung, der gewaltsamen Knechtung und des typisch menschlichen Machtanspruches. Niemand sonst auf unserem Planeten ist zu solch einem verabscheuungswürdigen Verhalten fähig.

Sicherheit, Zufriedenheit und Zugehörigkeit sind unsere Grundbedürfnisse. Wann lernen wir endlich, sie auf eine zivilisierte, ethische Weise zu befriedigen?

Das *Sui Generis Mentaltraining* ist konventionell, weil die treibende Kraft von der Anwenderpersönlichkeit ausgeht. Gleichzeitig ist es aber auch unkonventionell, weil es eine *bewusste* Wechselwirksamkeit der persönlichen Präsenz mit dem *absoluten reinen Potenzial* anstrebt, und dabei vorerst keine Teilaspekte sämtlicher Möglichkeitsangebote hervorhebt. Das ist **neu**.

Werden Ziele für das heute allgemeingültige Mentaltraining formuliert, so findet man z.B. ehrenwerte Begriffe wie: Leistungssteigerung, Verhaltensoptimierung, Verbesserung der Lebensqualität, positiver Einfluss auf das seelische Gleichgewicht, Verbesserung der Informationsverarbeitung. Diese angestrebten Ziele werden z.B. durch eine geistig/emotionale Ausrichtung eng fokussiert, motorisch unterstützt und so in die Realität beschworen. Was man dann mit den verbesserten Ergebnissen anfängt, unterliegt nicht nur den persönlichen Wünschen, sondern auch den, nennen wir es mal – manipulativen (Manipulation: unmerkliche, aber gezielte Beeinflussung) Implantaten.

Zentrales Thema des Sui Generis Mentaltrainings ist das Entwickeln eines Bewusst – Seins durch eine Erweiterung der Wahrnehmung mit Hilfe wechselnder Bezugnahme zwecks frei fließender Information zwischen einem individuellen Ich und dem absoluten reinen Potenzial als verinnerlichte, erlebte und gelebte Ganzheit.

Was wird im Allgemeinen unter einem Mentaltraining verstanden?

Im Leistungssport, Management oder sonstigen zielorientierten Bereichen versteht man in der Regel das gedankliche Durchspielen von Verhaltensweisen, Szenarien oder möglichen Dynamiken unter dem Begriff Mentaltraining. Ausschnitte oder bestimmte Zusammenhänge werden gedanklich geformt und eingeübt, damit in der Realsituation eine abrufbare stabile Grundlage der mentalen Strukturen den Zielanforderungen nicht nur standhalten kann, sondern sie mit Bravour meistert. Wenn wir mental auf bestimmte oder variable Eventualitäten gut vorbereitet sind, indem wir sie in unserer Vorstellung zielerfüllend durchdacht, durchfühlt und durchlebt haben, sind wir in dem Moment, wenn das reale Ereignis auf uns zukommt und uns mitreißt, besser vorbereitet für den Umgang mit möglichst vielen Komponenten der Ereignisdynamik. Ein vernünftiger Ansatz, der sicherlich zu so manchen guten Problemlösungen oder Höchstleistungen geführt hat, aber durchaus noch ausbaufähig ist, da meistens die Quantität (aber auch die Qualität) der Komponenten, die die Ereignisdynamik prägen, unterschätzt wird.

Im erweiterten Sinne versteht man unter Mentaltraining die Optimierung der gesamten Informationsverarbeitung. In diesem Bereich ist nun das *Sui Generis Mentaltraining* angesiedelt, das sich von der eingrenzenden Fokussierung, von der begrenzten Vorstellungskraft persönlicher Erfahrung einzelner oder weniger Menschen als maßgeblichen Informations- und Bewertungsfaktor lösen möchte, um sich zu einem dynamischen, wechselwirksamen Bezug zwischen einem *universellen Informationspool* (*absolutes reines Potenzial*) und einem menschlichen Individuum hin zu entwickeln.

Im *Sui Generis Mentaltraining* liegt der Hauptansatz im bewussten Wechsel zwischen *scharfem(engem) Fokus*, *Abstand – Draufschau (weitem Fokus)* und *Leere*. In der Leere öffnen sich die Weiten des *absoluten reinen Potenzials* und damit jeder Möglichkeit. Die Leere ist das Tor ins Jetzt. Im Jetzt findet das Leben statt, indem sich Potenziale spezifizieren und zu dynamischen Ereignisketten fügen. Das Jetzt ist die entstehende und zerfallende Erscheinungsform, das Ausdrucksfeld des *absoluten reinen Potenzials*. *Leere* und *Abstand - Draufschau* spielen im *Sui Generis Mentaltraining* eine hervorgehobene Rolle, einfach aus dem Grund, weil diese beiden Komponenten als hochwirksamer Gegenpart zum *scharfen, engen Fokus* in unseren westlichen Kulturbereichen unterentwickelt, deshalb besonders notwendig sind, um das Gleichgewicht der Ganzheit zu entwickeln und zu bewahren. Es wird in einer Meditation gewöhnlich hauptsächlich ein spirituell-religiöser oder ein entspannender Aspekt von unseren westlichen Kulturen gesehen, aber nicht die Tür in das *absolute reine Potenzial*. Die *Abstand – Draufschau (weiter Fokus)* wird als Tagträumerei ohne einen gewinnbringenden Effekt verstanden. Beide Betrachtungsweisen würdigen nicht im Ansatz ihren wahren Wert.

Das bloße geistige trainieren von Abläufen ist in der Regel extrem fokussiert (Tunnelblick), ausschnittorientiert (Geist-Körper-Leistung) und auf einen kurzfristigen Erfolg aus wie: Sieger im 100 Meterlauf werden, ein bestimmtes Produkt verkaufen etc. Techniken des Umprogrammierens sind ebenfalls stark eingrenzende, punktuelle Vorgehensweisen, wenn man vergleichend daran denkt, dass dem Menschen der Zugang zu einem endlosen Potenzial offen steht, wenn er sich entschließt, sich dies vorstellen zu können, um sich dann an die Übungen der Wahrnehmungserweiterung bis hin zu der Entwicklung eines *Bewusst – Seins* zu begeben.

Im Kosmos gibt es eine tiefere Realität: die Realität eines Akasha-Feldes, das verbindet und Kohärenz (Zusammenhang, das Zusammenhängen) erzeugt. Dieses Feld verdient es, als grundlegendes Merkmal des bekannten Universums in den wissenschaftlichen Kreis des Gravitationsfeldes, des elektromagnetischen Feldes, des Higgs-Feldes und der Kern- und Quantenfelder aufgenommen zu werden. (aus: Der Quantensprung im globalen Gedächtnis, S. 116, Ervin Laszlo, Verlag Via Nova, 2008)

Ich kann wissen, was ich wissen will, wann ich es will und wenn es notwendig ist. (aus: Der Pfad ins Herz von Andrew Harvey, S.218, rororo, 1994)

Der Jamaikaner Usain Bolt lief die 100 Meter am 16.8.2009 in Berlin in 9,58 Sekunden. Gültiger Weltrekord, auch noch am 19.2.2012. (Wikipedia)

Was macht ihn schneller als seine Läuferkollegen? Trainiert haben sie alle besonders gut, sie sind also fit. Die Tagesform ist verantwortlich wird immer gesagt. Logisch. Wovon hängt die ab? Von vielen Dingen. Wie fühlt sich der Körper an? Habe ich richtig gefrühstückt? Habe ich schlecht geträumt? Fehlt mir meine Familie, oder ist sie in der Nähe und lenkt mich ab? Möchte ich ein neues Auto kaufen und kann mir den Traumwagen nicht leisten? Habe ich eine Zahnfüllung verloren? Habe ich meine Lieblingsunterhose dabei? Schließlich ist sie mein Glücksbringer. Man liest über die Formtiefgründe ja gern im Sportteil der geliebten Tageszeitung.

Sollte der Läufer nicht gerade seinen Körper irgendwie gravierend demoliert haben, hängt die Tagesform wohl von seinen Gefühlen und Gedanken, seinem Willen, der Sinnfrage, seinen inneren Bildern, Vorstellungen, Wünschen, Befürchtungen, Ängsten, besonders aber von seinem persönlichen Umgang mit diesen Faktoren im Einzelnen und in ihrer Ganzheit ab.

Unser Mentalgefüge hat immer einen Ganzheitsbezug. Das Sein in der unüberschaubaren Vielfalt aller erdenklichen Konstellationen wirkt auf einen Menschen ununterbrochen ein, und umgekehrt, egal, ob er es bewusst registriert, ob sein Unterbewusstsein das Regiment führt, oder ob vielleicht ein übergeordneter, kollektiver Informationspool (das kollektive Unbewusste nach C.G. Jung, das Nullpunkt – Feld nach Lynne Mc Taggart, das Akasha – Feld nach Ervin Laszlo, die Akasha – Chronik nach hinduistischem Vorbild oder nach Steiner, ein *absolutes reines Potenzial* nach Klaus Thalheim) oder eine mehr oder weniger wohltemperierte Mischung aus allem, die Möglichkeit jedweder Entwicklung, der Grund aller Bewusstseinskonstrukte oder Realitätsvorstellungen ist.

Alles ist auf jeden Fall immer und direkt aufeinander bezogen miteinander wirksam. Ereigniswechselwirkungen wie die Empfindung, die Idee, die Aktion, die Wirkung mit ihren Folgen und dem Umgang damit sind, einmal ins Rollen gebracht, wie eine Lawine, die nicht mehr stoppt. Und dies von ca. 7,5 Milliarden Menschen angestoßen und einer undenkbaren Zahl von den anderen Lebewesen auf nur unsrem Planeten.

Klingt ziemlich niederschmetternd find ich, wenn man da noch einen Überblick behalten will, denn jeder von uns hält seine Realität für so real und für die richtige Welt und Wahrheit, dass er sich auf verschiedenste Auseinandersetzungsstufen begibt, um sich und seine Realität durchzusetzen, denn sie wird ja auch immer als ein Persönlichkeitsanteil wahrgenommen und als solcher definiert, und somit erscheint sie als fundamental, obwohl niemand von uns die geringste Ahnung hat, wie sich das Ganze wirklich zusammensetzt.

Die Realität ist sehr flexibel. Sie existiert als Möglichkeit oder als Wahrscheinlichkeit in jeder Art und als reines Potenzial. Durch die persönliche Ausrichtung der Wahrnehmung kann sie Form annehmen, dabei kann sie sehr begrenzt, einengend und unbeweglich sein, aber sie kann sich auch weit geöffnet und sehr dynamisch zeigen.

Die Quantenelektrodynamik, die die Wechselwirkung zwischen Licht und Materie zu erklären versucht, diskutiert darüber, ob der Beobachter mit seinem Messgerät eine Wahrscheinlichkeit von Ort oder Geschwindigkeit eines Elektrons im Atomkern manipuliert. Wenn ja, würde das bedeuten, dass die pure Ausrichtung eines Bewusstseins die Wahrscheinlichkeit einer Entwicklung beeinflusst und sogar definiert, nämlich z.B. eben Ort und Geschwindigkeit.

Bindet sich in dem *Bewusst – Sein* eines Menschen das *absolute reine Potenzial* an einen menschlichen Körper um Erfahrungen zu machen, so könnte man den Körper, in dem ein Bewusstsein gebunden ist, als Messinstrument verstehen, das die aufgenommenen Daten mit dem Informationsfluss des *absoluten reinen Potenzials* rückkoppelt. Dieser wechselwirksame Austausch geschieht ohne Zeitverlust und permanent. Es ist ein ganz natürlicher Prozess, der sich dem klassischen Alltagsbewusstsein in der Regel entzieht. Ein unbewusster, wechselseitiger Datentransfer, ein ewiger Austausch.

Stephen Hawking, Astrophysiker, stellt sich 100 hoch 500 alternative Welten vor. *(Kölner Express, 5.1.2012, S. 3)* Was wir fühlen, denken, erwarten, befürchten und tun, bestimmt die Art der Realität, die wir erleben. Sie entsteht, wenn wir uns in Bezug bringen und zwar auf die Weise, wie wir uns in Bezug bringen. Die Alternativen, legt man Hawkings Sicht zugrunde, sind unerschöpflich. Dies ein wenig zu verstehen und in einem Maße, das uns nicht überfordert, zu trainieren, in die Alltagspraxis umzusetzen, ist das Anliegen des *Sui Generis Mentaltrainings*.

Leere ist das, was in der Mitte steht zwischen diesem und jenem. Die Leere umfasst alles und hat keinen Widerpart. Sie schließt nichts aus und hat keine Gegensätze. Es ist eine lebende Leere, weil alle Formen aus ihr entstehen, und wer diese Leere erkennt, ist angefüllt mit Leben und Kraft und der Liebe allen Seins. (aus: Bruce Lee, Jeet Kune Do, S. 13, Falken, 1993)

11
Existenz durch Beziehung

Der Mensch bezieht sich gern auf die Bestätigung anderer, ob diese befürwortend oder ablehnend ausfällt und wie die Reaktion darauf ist, soll in dem Zusammenhang dieser Schrift im Hintergrund bleiben. Entscheidend soll sein, dass wir Menschen uns grundsätzlich auf etwas beziehen müssen, damit etwas existieren kann, damit etwas Gestalt annehmen kann, Bedeutung bekommt, Realität werden kann. Kommunikation, Austausch (kann auch mit uns selbst im eigenen Inneren sein, findet vielleicht auch nur da statt) muss stattfinden. Ohne die Wertung ist der Bezug lose, diffus, schwammig, undifferenziert, irreal, wesenlos, potenziell.

Der wertende Bezug schafft etwas Festes, Stabiles, etwas Bedeutungsvolles, etwas Bestimmtes, (und das Damoklesschwert des Gegenteils) das man nicht ganz so leicht wieder aufgibt, da es den vielen Variationsmöglichkeiten als eine wichtige, herausragende Möglichkeit, die Klarheit, Verständnis und Sicherheit bietet, abgerungen wurde.

Wertender Bezug hat akute Gründe. Akute Gründe sind aber in ihrer komplexen Darstellungsstruktur nicht wiederholbar, da in der menschlichen Wahrnehmung Zeit vergeht und sich in dieser Zeit Wandel vollzieht. Die akuten Gründe müssen immer variieren, mal auffälliger, mal weniger auffällig. Der Bezug zu diesen variierenden Gründen hat sich allerdings durch wiederholt auftretende Ähnlichkeiten musterhaft ordnend etabliert. Das kann so weit gehen, dass die gegenwärtige Sicht der akuten Gründe an die in der Vergangenheit entstandenen Muster angepasst wird, und die Bewertung durch vergangene Erfahrung dominiert wird. Der wirklich gegenwärtige Zusammenhang geht durch die Anpassung teilweise oder ganz verloren.

Wir gehen heute davon aus, dass diese vielfältigen Muster Konstrukte des Unterbewusstseins sind, das vor dem Erwachen des Bewusstseins Entscheidungen und Handlungen aktiviert, die das Bewusstsein nur bruchstückhaft und viel zu spät realisiert.

Die Schlucht zu überwinden, die zwischen dem Bewusstsein und dem Unterbewusstsein besteht, welche eigentlich eine Ganzheit bilden, ist ein Thema dieser Schrift. Wir bewerkstelligen dies mittels der Seinsform im *absoluten reinen Potenzial*, die wir raum- und zeitlos erfahren, und die wir im Wechsel zwischen *engem Fokus*, *Abstand – Draufschau (weitem Fokus)* und *der Leere (kein Fokus)* bewusst zur Entfaltung bringen wollen.

Gefühl und Gedanke, bewusst und unbewusst, nehmen sich an beide Hände, um sich wechselseitig mit Impulsen zu animieren. Aus ihrem geschlossenen Kreis heraus fliehen die Entscheidungen, sowie die darauf basierenden Handlungen. Sie sind durch Glauben, Wissen, Wunsch und Willen energetisiert und mobilisiert, aber auch ebenso durch Unsicherheit, Angst, Befürchtung. Aktion stößt auf Reaktion, die durch bestimmte Brillen des Bewusstseins, dies sind die Erfahrungsmuster des Unterbewusstseins und ein eventueller Analyseversuch des Bewusstseins, gedeutet wird. Ein Kreislauf bildet sich, der niemals stoppend sich auf dem Zeitstrahl unseres Daseins wie eine Lawine ewig vergrößert und die Generationen von Menschen mit einem scheinbar stetig wachsenden Infopool ausrüstet, wie eine Festplatte, (kollektives Unbewusstes, Akasha Chronik) auf die immer neue Informationskombinationen gespeichert werden, die sich zu unserem Nutzen oder Schaden anhäufen, je nach Art des Umgangs.

Aber alle Informationen sind schon da, immer, überall, jederzeit. Es wächst nichts mehr an in diesem Wissenspool, in diesem *absoluten reinen Potenzial*. Es entstehen nur immer neue Verknüpfungen durch die Aktivitäten der einzelnen Anknüpfer. Dieses Anknüpfen ist ein natürlicher, selbstverständlicher Prozess, der allerdings unserem bewussten Erleben in der Regel fast vollkommen entgeht. Aber jeder von uns kann lernen, das bewusste Erleben auszubauen. Es bildet sich dadurch ein neues Seinsfundament für den Menschen. Wir brauchen nur die Möglichkeit zu kennen, wie wir Informationen in unser Tagesbewusstsein gegenwartsbezogen integrieren können, ohne von ihnen überflutet zu werden und ohne dass das Unterbewusstsein als Alleinherrscher über Empfindung, Wahrnehmung, Zuordnung, Entscheidung und Handlungsimpuls wirkt. Die Auswahl aus dem *absoluten reinen Potenzial* ist wichtig und natürlich, sie fluktuiert (wechselt schnell): eng fokussierend – weit fokussierend (alles schauend) – leer (kein Fokus, fließende Präsenz). Ein Wechselspiel mit Auswahl, die diesen Namen verdient, die nicht aus Gewohnheit vorwiegend automatisch geschieht und überwiegend irgendwie passend gedreht wird und eine schlechte Kopie von vergangenen Erfahrungswerten darstellt, sondern die lebendig, situationsbezogen und echt ist, wird so getroffen.

Wir brauchen nur zwischen dem *absoluten reinen Potenzial* und dem Jetzt (Erscheinungsform des *absoluten reinen Potenzials*) einen Bezug herzustellen, der nicht nur blind Automatiken folgt, sondern Leere, weiche Allesschau und scharfe Aufmerksamkeit (punktuelle Wahrnehmung, Analyse und Synthese), immer aufs Neue mit einem hohen und freien Wahrnehmungsgrad und Bewusstseinsanteil kombiniert. Das betrifft natürlich nicht alle Aktivitäten, denn viele Aktionen benötigen einen Automatismus, um etliche unserer Funktionen im Körperlichen wie im Geistigen ungestört zu garantieren.

Wir werden immer A und B zusammenfügen und AB, BA oder C daraus machen. Entscheidend ist, mit welcher Klarheit, Wahrnehmungsqualität, Wahlfreiheit, Offenheit und Selbstverständlichkeit wir dies bewerkstelligen und ob wir mit den Ergebnissen ebenso verfahren können.

12

Kernansätze des *Sui Generis Mentaltrainings*

Sui Generis Mentaltraining nutz bei jedem momentanen Tun die Möglichkeit der Aufmerksamkeitsausrichtung auf das Tun und seinen Gesamtzusammenhang auf drei verschiedene Arten. Um das Üben zu erleichtern, werden so genannte Kunstsituationen mit verschiedenen Anspruchsgraden genutzt: SGM Trainingsphase 1: Meditation, Qi Gong, Tai Chi Chuan. Die SGM Trainigsphase 2 wird in jeder Alltagssituation aktiv und ist somit keine künstlich hervorgerufene Situation mehr.
Aus der SGM Trainigsphase 1 stammen die folgenden Grundlagen.

- Sei fokussiert, konzentriert, analytisch, themenbezogen bewertend.
- Sei entspannt auf alles schauend, nehme die Zusammenhänge wahr, öffne dich allem, ohne dich von deinen Bewertungen beeindrucken zu lassen und irgendetwas verändern zu müssen.
- Sei nichts, lass sich die Lücke zwischen den Gedanken ausdehnen und damit eine hohe Präsenz entwickeln, die jedes Potenzial in sich birgt, damit du im richtigen Moment den dynamischen Bezug herstellen kannst und das bist, was du schon immer gewesen bist – *absolutes reines Potenzial* – das durch seine Präsenz Potenzial und Wahrscheinlichkeiten ermöglicht, Struktu-

ren bereithält, die sich zu Realitäten entwickeln und prägen können, wenn du Bezug nimmst und dadurch Wechselwirksamkeit entsteht, die sich kontinuierlich fließend wandelt, und deren fließender Wandel Bestandteil von Bewusst – Sein ist.

Mit dieser Vorgehensweise deckst du alle Bereiche ab, vom eng fokussierten Ausrichten bis zum Auflösen im *absoluten reinen Potenzial*. Dabei nimmst du ein Optimum an Informationen durch immer neue, bewusste Verknüpfungen in dein sich ständig erweiterndes Bewusstsein auf, triffst allmählich wirkliche Entscheidungen und wandelst dein derzeitig relatives Bewusstsein zu einem *Bewusst – Sein*, das nicht nur weiß, dass es ein Ich und ein Du gibt, sondern auch erlebt, dass und wie ein Wir existiert.

Warum diese drei Teile koordinieren? Etwas eng zu fokussieren bedeutet, dass man sich einem ganz kleinen Ausschnitt spezifisch widmet, dabei treten alle anderen Dinge in den Hintergrund, und es bietet sich der punktgenaue Bezug. Bei einem weiten Fokussieren, einer Abstand – Draufschau, erkennt man, dass alle Dinge sich wechselwirksam beeinflussen und eine enge Fokussierung zwar notwendig sein kann, aber meistens mit einer Abstand – Draufschau im Wechsel stehen sollte, um alle Zusammenhänge berücksichtigen zu können. Die Verständnis-Verhaltensweisen laufen innerhalb eines Bewusstsein – Unterbewusstsein – Gefüges ab, welches noch lange nicht ausreicht, alle wechselwirksamen Zusammenhänge zu erkennen und bewusst-wach miteinzubeziehen. Aus diesem Grund folgt die Übung – die Lücke zwischen zwei Gedanken, die Leere, das Nichts entstehen zu lassen – denn nur in diesem Nichts erfahren wir das *absolute reine Potenzial*, das jede Information, Möglichkeit, Wahrscheinlichkeit, Entwicklung und Realität bereithält, um unser Alltagsleben optimal wahrzunehmen und aktiv zu gestalten.

Wenn Sie alle ich-zentrierten geistigen Vorgänge, die um die Vergangenheit und Zukunft kreisen, zur Ruhe bringen, besteht die Chance, dass ein fundamentaler Wechsel der Wahrnehmung stattfindet, der mit einer tiefen Selbsterkenntnis einhergeht. Mystiker beschreiben dies als die Erfahrung der Identität mit einem Urgrund der Wirklichkeit, die hinter allen Formen liegt, mit denen wir uns normalerweise identifizieren (Körper, Persönlichkeit, Rollen). (aus: Meditation für Skeptiker, S. 126, Ulrich Ott, O.W. Barth Verlag, 2010)

13
Lösung – Essenz – das Wesentliche

Wir begeben uns über 2 Ebenen in das absolute reine Potenzial.

E1. Wir lassen die Gedanken auftauchen, da sein, sich wandeln.

Dabei sind wir:

A. auf einige Gedanken eng (scharf) fokussiert, wir kreisen um sie, sie kreisen um uns, sodass sie uns mehr oder weniger gefangen nehmen.

B. mit einer Abstand – Draufschau, (weiter Fokus, auch weicher Fokus) die wie aus der Ferne den ganzen Gedankenablauf wahrnimmt und beobachtet, beschäftigt.

Die punktuelle Ausrichtung (A) und die minimal eingrenzende Abstand - Draufschau (B) wechseln sich ab.

C. Als dritter Aspekt entsteht die Lücke zwischen zwei Gedanken. Die Leere, das Nichts, die Untätigkeit, ein Nichtfokussieren, ein Nichtvorhandensein wird erfahren. Augenblicke wie die Lücken – Leere (Alpha – Wellen von 8 bis 13 Hz) und die Abstand – Draufschau (Theta – Wellen von 4 bis 7 Hz) lassen spontane, fließende, kreative Denkstrukturen zu. Ebenfalls eröffnet sich die Möglichkeit des bewussten, hochgradig wachen, klaren Anknüpfens an den dynamischen Info – Strom des *absoluten reinen Potenzials* in diesen beiden Phasen. In einem Zustand der Leere oder des weichen Blickes der Abstand – Draufschau sind wir sehr präsent, offen, durchlässig. Der Leerezustand, auch Meditation genannt, ist die höchste Präsenz menschlichen Gewahrseins, die uns heute bekannt ist. Der Vollständigkeit halber möchte ich noch das Nahtoderlebnis hinzufügen, das die Präsenz und Seinsnähe zum *absoluten reinen Potenzial*, die ein Meditationserleben ermöglicht, noch zu übertreffen scheint. Durch die lebensbedrohliche Situation ist selbstverständlich von jedem Experimentieren abzuraten.

E2. Korrespondiert diese hohe Präsenz in der Lücke zwischen zwei Gedanken mit einem weiten, umfassenden Blick und der engen Fokussierung in einem bewusst – intuitiven Wechselspiel, so vereinen sich *bewusst* neue Informationsströme weich - fließend mit bekannten Denkstrukturen und Gedankenmustern, sodass Kreativität und Flexibilität neue Verbindungen (neuronale und sonstige Verbindungen, die möglich sind), damit neue Gedanken und Wege möglich machen, wenn sie zugelassen und verfolgt werden, und nicht durch den Alte – Muster – Verstand blockiert oder durch Reizüberflutung zerstört werden. Hier sieht die Wissenschaft den Unterschied zwischen einem Savant (hat eine Inselbegabung und ist in der Regel Autist, weil er die Flut der Eindrücke nicht steuern kann) und einem Genie, das eine außergewöhnliche Begabung zu kanalisieren gelernt hat. Jeder Künstler, Mathematiker, Physiker, Mystiker, Spirituelle, jeder von uns kennt dieses Wirkungsprinzip daher, wenn wie aus dem Nichts scheinbar ganz von selbst die gesuchte Lösung kommt, obwohl man sich vorher ewig Gedanken wälzend ergebnislos mit einer Problemthematik herumgeschlagen hat. Man hatte einen zu eng fokussierten Bezug zum Thema, dadurch aber kein befriedigendes Ergebnis bezüglich eventueller Fragestellungen und Problemlösungen. Bekannt ist sicher die Situation kurz vor dem Einschlafen. In diesem speziellen Zustand zwischen fast wach sein und nicht ganz schlafen fällt einem spontan die Lösung lang gewälzter Probleme häufig zu.

Wenn wir lernen das Verhältnis zwischen den drei Hauptvarianten – Fokus, Abstandschau und Leere – so auszutarieren, dass wir der dynamischen Entwicklung der Jetztsituation anpassungsfähiger gegenüberstehen, so befreien wir uns damit zeitweilig von zwanghaftem Musterdenken und einigen nicht sinnvollen Automatismen. (die lebensnotwendigen Automatismen sind selbstverständlich nicht gemeint)

Alle drei Hauptvarianten sind ganz natürliche Werkzeuge des persönlichen Seins, aber in der Regel durch die jeweiligen Schwerpunkte einer Gesellschaftsform mit ihren ethisch – moralischen - kulturellen – glaubens – mainstream – Wertevorgaben in ihrer sinnvollen Zusammenwirkung *mehr* oder *weniger* entwickelt und wirksam. (an dieser Stelle sei kurz auf das Buch von Brigitte Witzer, Die Diktatur der Dummen, hingewiesen)

Den Fokus zu finden ist eine der leichteren Übungen. Mit Abstand auf das eigene Innengeschehen zu blicken ist schon eine nächste Schwierigkeitsstufe. Den Moment der Leere zwischen einzelnen Gedanken zuzulassen, damit sie sich dann ausdehnen kann, ist für viele von uns meistens schon eine echte Aufgabe.
Jeder von uns hat seine eigene Art, sich diesen Aufgaben zu nähern. Glaube, Vorstellung, Sinn, Begeisterung und die Unterbewusstseinsimpulse sind große Antriebskräfte oder Hemmnisse. Diese eigene Art hat eine große Bedeutung, denn sie bietet den grundlegenden Ansatz der Bezugnahme, und der entscheidet über den weiteren Hergang - die Wahrnehmung und die Beschreibung der Realität. In einem Artikel zur Kindererziehung habe ich einmal gelesen, (leider weiß ich nicht mehr wo) dass es natürlich sehr wichtig ist, dem Kind große, vielfältige Lernangebote und Erfahrungen zu bieten. Das Kind greift sich allerdings Bestimmtes heraus, und das ist oft nicht das, was die Erwachsenen erhofft hatten, sondern es kann auch das sein, was die Erwachsenen den Kindern unbewusst vorgelebt haben. Dies kann dann häufig im Widerspruch zu den gewollten

Lernangeboten mit entsprechenden Erwartungen stehen. Der Erwachsene fordert z.B., dass das Kind ihn ausreden lässt, fällt aber selbst dem sprechenden Kind ständig ins Wort. Was wird das Kind als Erfahrung für sich mitnehmen? Das Kind wird seine Wahrnehmung auf das lenken, was es selbst für sich subjektiv bewertend wichtig, schön, zweckmäßig etc. empfindet.

Enger und weiter Fokus lassen jeweils einen unterschiedlichen Blickwinkel auf unsere Muster, Programme und deren Wirkungsweise entstehen. Wir lernen dadurch auch äußere Manipulationen alter und neuer Art zu beobachten und erkennen leichter, wie sie wirken und wie wir sie handhaben. Allerdings nehmen wir nur uns bereits Bekanntes wahr. Vieles können wir nicht in Bezug setzen, und deshalb entgeht es unserer Wahrnehmung. Auch gar zu Selbstverständliches entgleitet unserer bewussten Wahrnehmung häufig. Zur Unterstützung kommt als dritte Komponente des *Sui Generis Mentaltrainings* die *Leere* ins Spiel, in der wir uns vom Denken/Fühlen lösen und im Sein aufgehen. Durch die wache Präsenz im Zustand der Meditation koppeln sich die Informationen des *absoluten reinen Potenzials* an die Unterbewusstsein – Bewusstsein – Dynamik direkter an. Durch regelmäßige Übung gelingt uns die Informationsstabilisierung in zunehmendem Maße, sodass unsere Wahrnehmung eine Chance bekommt und sich gleichzeitig ein erweitertes Informationsverarbeitungssystem stabilisieren kann.

14
Antrieb, Motivation

Nehmen wir an, dass wir uns mit den Aspekten des *Sui Generis Mentaltrainings weiter Fokus (Abstand – Draufschau)* und *Leere* beschäftigt haben. Es ist ein entspannter, aufmerksam beobachtender Abstand zu unserem inneren Gebrabbel entstanden. In der Leerephase der Meditation gelang das Auflösen im *absoluten reinen Potenzial*. Was geschieht nun mit all den Erkenntnissen, dem Wahrgenommenen, dem auf diese Weise Erlebten, denn wir kehren ja in die Alltagswelt der wertenden Gegensätze, der Spiele und Ziele, der Freuden und Ängste zurück, aus der wir ja auch mit bestimmten Wünschen, Zielen, Anforderungen in die *Abstand – Draufschau-* und *Leere*phase gekommen sind. Der dritte Faktor des *Sui Generis Mentaltrainings* rückt in den Mittelpunkt, der *enge Fokus*. Dieser *Fokus* hat sein Fundament in unserem persönlichen Glauben (was ist wie und warum), denn das tief verinnerlichte Glaubensbild (bestehend aus Vorstellungen, Annahmen, Spekulationen, Erkenntnissen, Befürchtungen, Ängsten) spielt bei jeder Entscheidung und Handlung eine wichtige Rolle. Es kommt nicht darauf an, ob wir unseren grundlegenden Glaubenssätzen immer genüge tun, sondern dass, egal ob wir mit ihnen, oder gegen sie handeln, sie immer unser Gewissen wecken und eine stetige Wirkung auslösen, mit der wir uns notgedrungen beschäftigen müssen.

Glaubenssätze, die für eine Erdengemeinschaft formuliert worden sind, die in friedfertiger, gemeinschaftlich unterstützender Weise zusammenleben möchte, stammen z.B. von den großen Weltreligionen und Weltphilosophien, und haben zumindest verbal/emotional eindeutig Richtungen vorgegeben.

Eine eindeutige Richtung braucht grundsätzlich jede einzelne Persönlichkeit, und selbstverständlich auch der Nutznießer des *Sui Generis Mentaltrainings*.

Die Richtung bildet sich durch eine Art Wertekatalog, der durch Fragen wie: wer bin ich, was will ich, wie erreiche ich dies, wie stehe ich zum Rest der Welt, was ist der Sinn von Allem usw. entsteht. Werte bilden das Rückgrat einer Erdengemeinschaft.

1993 hat das zweite Parlament der Weltreligionen in Chicago in seiner Erklärung zum Weltethos immerhin einen Grundbestand an gemeinsamen Werten wie folgt formuliert: *das Prinzip Menschlichkeit, die Goldene Regel der Gegenseitigkeit* (was Du nicht willst, dass man Dir tut….), *die Prinzipien Gewaltlosigkeit, Gerechtigkeit, Wahrhaf-*

tigkeit und Partnerschaft von Mann und Frau. (aus: Stephan Schlensog, Die Weltreligionen, S.95, Piper Verlag, 2008)

Weiterhin wurde 1993 in Chicago gesagt: *„Wir verpflichten uns auf eine Kultur der Gewaltlosigkeit, des Respekts, der Gerechtigkeit und des Friedens. Wir werden keine anderen Menschen unterdrücken, schädigen, foltern, gar töten und auf Gewalt als Mittel zum Austrag von Differenzen verzichten."*................

„Die Erde kann nicht zum Besseren verändert werden, wenn sich nicht das Bewusstsein des Einzelnen zuerst ändert. Wir versprechen, unsere Wahrnehmungsfähigkeit zu erweitern, indem wir unseren Geist disziplinieren durch Meditation, Gebet und positives Denken. Ohne Risiko und ohne Opferbereitschaft kann es keine grundlegende Veränderung in unserer Situation geben. Deshalb verpflichten wir uns auf dieses Weltethos, auf Verständnis füreinander und auf sozialverträgliche, friedensfördernde und naturfreundliche Lebensformen."
(aus: Ervin Laszlo, Wie kann ich die Welt verändern, S. 177, Ullstein Verlag, 2006)

Meine Frage lautet: Wann haben SIE von der Erklärung zum Weltethos 1993 gehört, oder die Auswirkungen in unseren Lebensformen beobachtet?

Kernziele der Weltreligionen:

Buddhismus: alles ist Leiden, das überwunden wird, wenn man sich von der Anhaftung löst.

Ethischer Humanismus in chinesischen Philosophien: der Mensch kann das Dao (den Weg, die Lehre, das Ordnungsprinzip) auf intuitive Weise (absichtsloses Handeln) im reinen Sein erfahren.

Christentum: Nächstenliebe und Fürsorge.

Hinduismus: geistig – moralisch – spirituelle Läuterung auf den Wegen des Tuns, der Erkenntnis und der Hingabe erlangen.

Islam: gelebte Solidarität und Nächstenliebe.

Judentum: Grundethos der Gerechtigkeit, Wahrhaftigkeit, Friedfertigkeit und Gottesliebe. (aus: Die Weltreligionen – Stephan Schlensog)

Die eigentliche Aufgabe für den, der seine Religion praktiziert, ist die Erforschung des eigenen Geistes, das Bemühen, Körper, Rede und Geist zu verwandeln und gemäß den Lehren und Grundsätzen der jeweiligen Religion zu leben. (aus: Mit dem Herzen denken, S.110, Dalai Lama, O.W. Barth Verlag, 1998)

Der erste Grundsatz in der Kunst des Betragens ist: sich mit Wärme begegnen und sich begegnen, um zu geben. (S.202)…..Wirklich gutes Betragen unter den Menschen wird nur dann möglich sein, wenn sich der Geist weitet und wenn man fähig wird, die gesamte Situation zu überschauen…..Die natürliche Voraussetzung dazu ist ein erweitertes Bewusstsein, eine gesunde Urteilskraft und alle die Eigenschaften, die nur ein starker und klarer Geist besitzt. (S.203)….Ein starker Geist ist duldsam, ein schwacher wird von seiner Umgebung leicht überwältigt. (S.204)

(aus: Die Wissenschaft vom Sein und die Kunst des Lebens, S. 202-204, Maharishi Mahesh Yogi, International SRM Publications, 1969)

Was ist der Glaube? Nun, zuerst einmal etwas sehr Privates. Er drückt unsere tiefste Hoffnung aus, dass die wesentlichen Dinge des Lebens einen positiven Weg nehmen. Gesundheit, liebevolle Gemeinschaft, gegenseitiges Verständnis, respektvoller und achtungsvoller Umgang miteinander. Die Grundbedürfnisse wie Nahrung, Kleidung, Wohnung, soziale und kreative Aktivität etc. sollen ebenfalls abgedeckt sein.

Die Vorstellung davon, wie dies zu erreichen ist, wie unser Glaube sich innerlich konstruiert um die Grundbedürfnisse zu befriedigen, ist so zu sagen der Dreh- und Angelpunkt, der Impuls zum Handeln oder Nichthandeln, der die Endlosschleife von Ursache – Wirkung – Ursache lebendig hält und Realität präsentiert, überlagert oder ignoriert.

Da liegt es nahe, dass dem Menschen auffällt (oder auch nicht), dass der Glaube als unendlich weites Feld der Manipulation genutzt werden kann. Der persönlich emotional-gedankliche Spielraum ist nicht so privat, wie viele von uns annehmen. Ganz im Gegenteil, er ist unendlich vielschichtig mit Meinungen, Wertungen, Ansichten, Befehlen, Befürchtungen, Erwartungen, Ursache-Wirkung-Ursache-Kreislauf-Konzepten ausgefüllt, sodass wir persönlich fast nur noch auf unbewusste äußerlich/innerliche Impulse reagieren.

Dies wiederum soll dem Anwender des *Sui Generis Mentaltrainings* in den Phasen der weichen Abstand – Draufschau auffallen und in der Phase der Leere in den Hintergrund treten.

Wenn uns etwas auffällt, können wir praktisch damit umgehen, z.B. es hinterfragen. Wenn sich etwas so weit im Hintergrund befindet, dass es als Leere wahrgenommen wird, hat es sich gelöst. Was gelöst wurde, kann neu konstruiert werden.

Der Glaube an und das Wissen über die Notwendigkeit von gelebten Werten und daraus resultierenden Regeln des Miteinander richtet das Bewusstsein aus auf die Schwerpunkte, die notwendig sind, um die Ziele im Rahmen der Werte zu erreichen.

Der Mensch, der mit seinem Inneren in Verbindung bleibt, ist ein integrierter Mensch und handelt auch danach. Der nach außen verlagerte Mensch hat ein gespaltenes Bewusstsein und eine gespaltene Wahrnehmung. Sein wirken wird immer gegen das Ganzheitliche gerichtet sein und bei allem technischen Fortschritt gegen das Leben verstoßen. (aus: Verratene Liebe – Falsche Götter, S. 17, Arno Gruen, Klett Cotta, 2003)

15
Das Jetzt und das *absolute reine Potenzial*

Das Jetzt, der akute Moment des Seins, bietet die Erscheinungsform, das Ausdrucksfeld (Raumzeitaktionsgefüge) des *absoluten reinen Potenzials* (raumzeitaktionslos), in dem sich durch akute persönliche Bezugnahme dynamische Ereignisketten bilden können und Möglichkeiten sowie Wahrscheinlichkeiten in diesem Geschehenszusammenhang verdichten, wenn die persönlich bezugnehmende Ausrichtung (Bewusstsein – Unterbewusstsein – Gefüge) aktiv ist und sich auf diese Weise festlegt, um eine prägnante (genau, kurz und treffend) Realität zu erschaffen, die sich allerdings sofort wandelt in das weitere Anbieten von Möglichkeiten und Wahrscheinlichkeiten aus dem *absoluten reinen Potenzial* mit der Wechselwirkung persönlicher Bezugnahme (Wunsch, Erwartung, Befürchtung, Wille, Glaube, etc.) oder in die Leere, das Nichts des *absoluten reinen Potenzials*.

Wenn unsere persönlichen Festlegungen im dynamischen Prozess auch Realitätsvarianten durch Leere-Phasen und AbstandDraufschau-Phasen statt ausschließlich gültiger enger Fokussierung und eingeschliffener Muster akzeptieren, gelingt uns eine gewisse Anpassungsfähigkeit, Lernbereitschaft und Öffnung in

Richtung des *absoluten reinen Potenzials*, die über die derzeit allgemein übliche Praxis weit hinausgehen kann.

Beide, die Gedanken wie die Sinne, waren hübsche Dinge, hinter beiden lag der letzte Sinn verborgen, beide galt es zu hören, mit beiden zu spielen, beide weder zu verachten noch zu überschätzen, aus beiden die geheimen Stimmen des Innersten zu erlauschen. (aus: Siddhartha, S. 49, Hermann Hesse, Suhrkamp TB, 1999)

16
Kartenbeispiel

Stellen wir uns vor, dass unser Unterbewusstsein jeder persönlichen Wahrnehmung eine Erfahrungs-Karte zugeordnet hat. Auch die Informationen der genetischen Abstammung und menschlichen Linien haben ihre Karten im Unterbewusstsein. Weiterhin bietet sich auch noch der Informationsfluss des morphogenetischen Feldes (siehe Rupert Shaldrake), wie die Präsenz des *absoluten reinen Potenzials* mit seinem jeweiligen Informationsschatz an. Ein gewaltiges Kartenspiel mit unendlich vielen verschiedenen Bildern (Erfahrung, Information) der evolutionären wie kosmischen Entwicklung steht zur Verfügung. Zur Zeit sehen wir die Ordnungsaufgabe dieser Bilderflut in unserem Unterbewusstsein, dass wir dem Nervensystem, dem Gehirn, (chemischen, elektromagnetischen Impulsen) dem Geist und der Psyche zuordnen. Dieses ordnende Unterbewusste legt vergleichbare Karten in einen Karton, der dann mit einer Deckelkarte ausgestattet wird. Diese Deckelkarte steht beispielhaft für alle Karten in diesem Karton und symbolisiert eine Rubrik. Nehmen wir einfach mal die Liebe. Alle Karten dieser Rubrik stehen mit Erfahrungen/Informationen der Liebe in Verbindung. Es werden bestimmte Emotionen, Gedanken, Bilder und Verhaltensmuster repräsentiert und animiert, die mit der Liebe verbunden sind. Diese Deckelkarte der Rubrik Liebe nennen wir z.B. *Resonator A*. Es gibt unglaublich viele Kartons mit unzähligen Kartengruppen, je mit einer übergeordneten Deckelkarte versehen. Es existieren also Resonator A, Resonator B, C, D... usw. Registriert das Unterbewusstsein ein Ereignis, dann sind mehrere der *Resonatoren* für die Wahrnehmung, die Zuordnung und den weiteren Verlauf verantwortlich. Es wird dann ein richtiger Wirbel gemacht. Bis zu diesem Zeitpunkt hat das Bewusstsein, wie wir es alltäglich verstehen, noch nichts von den Aktivitäten mitbekommen. (siehe S.17) Eine Gruppe von *Resonatoren* ordnet die Bestandteile einer akuten Ereigniskette den jeweiligen Kartons und darin wiederum den passenden Karten zu. Geschieht das reibungslos, entwickelt sich dadurch eine Kette von Entscheidungen und Aktivitäten. Die *Resonatorenkategorie*, z.B. A, und die dazu gehörigen Karten haben die Eigenschaft, hereinkommende Ereignisketten bis zu einem gewissen Grad zu retuschieren, damit die Erfahrungen aus diesem Zusammenhang themen- und erfahrungsgerecht zuzuordnen sind. Das ermöglicht eine schnelle, automatisierte Entscheidungskraft. Ereigniskette Liebe entsteht – *Resonator* A tritt klassifizierend in Resonanz und bringt die entsprechenden Karten im Karton zum Schwingen. Verbindungen zu *Resonator* B, C, D, E usw. und deren Karten können ebenfalls auftreten. Wir fühlen, denken, entscheiden und handeln dann nach Mustern und Erfahrungsprogrammen, ausgelöst durch einen Reiz, der mit *Resonator* A und den daraus resultierenden Verbindungen korrespondiert. Bis zu diesem Augenblick ist unser Bewusstsein bezüglich dieses Ablaufes nur latent beteiligt. Das heißt, dass es existiert, aber noch keinen Bezug zu dieser Ereigniskette genommen hat. Es wird sogar niemals zu der gesamten Ereigniskette Bezug nehmen, sondern nur zu einem sehr eng fixierten Ausschnitt, den es auch nur nachträglich bearbeiten kann, denn das derzeitige Bewusstsein eines gewöhnlichen Menschen hat nur Zugriff auf die Vergangenheit. Der gewählte Ausschnitt entspricht einem Sandkorn, der allen Wüsten unseres Planeten entnommen wurde. Damit sind die Positionen des Bewusstseins und des Unterbewusstseins auf eine Art definiert, und es wird einem wohl klar sein, dass es an der Kooperation von beiden zu Gunsten des tatsächlich bewussten Daseins etwas zu tun geben könnte. Warum? Um dem wahren Sinn des menschlichen Lebens näher zu kommen – vielleicht – und wenn nicht, aus Freude am Experimentieren, der Liebe zum Leben und der Hoffnung auf mehr friedliches Miteinander.

Mit unseren Gedanken beeinflussen wir unsere Wahrnehmung, Empfindung, Beurteilung, Realität, Erwägungen, Entscheidungen, Handlungen – die wiederum beeinflussen die Gedanken. Unser Denken/Fühlen erzeugt unsere eigene Dynamik, wandelt sie und beeinflusst die unseres Wirkungsfeldes, das wir nur bedingt erkennen oder überschauen können – und umgekehrt, denn alles um uns herum wirkt auf unser Unterbewusstsein und lässt es aktiv werden, um zuzuordnen, zu klassifizieren, abzuwägen, zu bewerten, zu entscheiden und Handlungen anzuweisen.

17
Resonanz

(Bertelsmann Universal Lexikon 1990)
Mitschwingen eines schwingungsfähigen Körpers (Systems), wenn die Erregerfrequenz mit der Eigenfrequenz des Körpers übereinstimmt.

Wenn eine menschliche *Dockingstation* (Bewusstsein, Unterbewusstsein, Geist, Seele, Psyche – der Mensch in seiner physisch/mentalen Ganzheit) in Resonanz tritt mit Informationen des *absoluten reinen Potenzials*, dann ist immer die menschliche *Dockingstation* durch ihre Intention der erste, meistens der nach Antworten suchende Impulsgeber. Der Ort, an dem sich alle Seinsphänomene für uns Menschen als *absolutes reines Potenzial* befindet, ist die Lücke zwischen den Gedanken, die Leere, die sich zur Fülle wandelt, sobald eine oder mehrere *Dockingstationen* Aktivitäten auf die dockingstationspezifische Art (Denken/Fühlen in allen Varianten und Möglichkeiten) produziert. Das Zusammenspiel der Impulse aller Wesenheiten, das aus der Leere entstehend den Informationsfluss des Potenzialfeldes wechselwirksam dynamisiert, manifestiert die Seinsphänomene. Resonanzen sind vielschichtig zugeordnete, aber für unsere menschliche Wahrnehmung immer polare, in Raumzeit begrenzte Gleichschwingungen, die die Unterfrequenzen des Gegenpools nicht nur mitschwingen, sondern auch entstehen lassen, denn die Wahrnehmung und Erfahrung, zumindest die des Menschen, scheint nur durch die Polaritätsganzheit möglich zu sein. Wenn ein Mensch als Erregerfrequenz einen Impuls abgibt, treten immer viele Resonanzkörper in Gleichschwingung, die zwar die gleiche Frequenz, aber möglicherweise eine ganz eigene Informationsprägung auf dieser Frequenz transportieren, so wie UKW z.B. eine Welle hat, auf der viele unterschiedliche Inhalte vermittelt werden können, wie wir es z.B. durch Radiosendungen mit großer Themenvielfalt gewohnt sind. Wer also z.B. Positives abgibt, bekommt auf der *positiven* Frequenz eine *relative* Gleichschwingung, denn der Gleichschwingungskörper kann zwar die gleiche *positive* Frequenz, aber eine *relativ* negativ kodierte Information (den Gegenpol, der zur Ganzheit gehört) abgeben. Deshalb funktioniert die Theorie das Gleiches auch Gleiches anzieht, wenn überhaupt, nur kurzfristig, denn es werden Plus- wie Minuspol im Informationsfluss aktiv und reaktiv.

Schon allein unter uns Menschen ist die Kodierung der auf Frequenzen transportierten Informationen durch den subjektiven Bezug einer Persönlichkeit unendlich variabel, kommen noch alle anderen Informationslieferanten des Potenzialfeldes hinzu, wird es absurd von uns Menschen zu denken, das Gleiches auch Gleiches anzieht und ich nur positiv denken müsse, damit dann auch alles positiv erscheint in einer Welt, die nur durch Gegensätze wahrgenommen und definiert werden kann.

Es gibt eine relative und eine absolute Resonanz. In der Leere erfahren wir die absolute Resonanz. In der Fülle erfahren wir die relative Resonanz. Die absolute Resonanz bildet die Ganzheit mit dem *absoluten reinen Potenzial*. Die relative Resonanz produziert innerhalb des Potenzialfeldes die entstehenden und vergehenden, die sich gegenseitig bedingenden Seinsphänomene als einen möglichen Aspekt ganzheitlicher Prozesse, ausgedrückt durch das ewig weiterrollende Ursache-Wirkung-Ursache-Kausalprinzip, sowie das akausale Synchronizitätsprinzip, wie C.G. Jung es sich vorstellte. Positiv – Negativ – Relativitäten isolieren die vielen Möglichkeitsüberlagerungen nur durch wertenden Bezug (z.B. eines denkenden/fühlenden Menschen) und das Mitschwingen des Gegenpools auf einer Aktionsfrequenz.

18
Die Familie des Sui Generis Mentaltrainings

Die Familie des *Sui Generis Mentaltraings* ist recht groß, findet trotz der Vielfalt aber immer das Wesentliche – das Bewusstsein für die Gestaltung eines Bezuges zu einem Seinszusammenhang. Zur Familie gehören die Meditation, Qi Gong, Tai Chi Chuan, die Künste, der Schamanismus, Taoismus und Tantrismus, der Alltag, die Liebe zum und die Freude am Leben.

Chögyam Trungpa Rinpoche wird in dem Buch – *Wenn alles zusammenbricht* – von Pema Chödrön als derjenige genannt, der die Shamata Vipassana Meditation in den Westen brachte. Diese Technik der Meditation ist in ihrem Ursprung denkbar gradlinig und einfach. Der Rinpoche empfahl seinen Schülern, *ihren Geist zu öffnen und sich zu entspannen. Gedanken kommen und gehen, der offene Geistzustand, die Lücke zwischen den einzelnen Gedanken, ist der Moment der Meditation, der durch Leere gekennzeichnet ist.*

Das geschehen lassen, was geschehen möchte, schafft den Abstand zum Geschehen, Entspannung, eine präsente Stille und eine tiefe Erkenntnis.

In der Meditation befreien wir uns von gewohnten Ausdrucksebenen und der Tendenz uns oder etwas zu fixieren.

Samatha ist ergreifend, festhaltend. Vipassana ist offen, fließend, alles loslassend. Samatha ist objektorientiert, Vipassana ist prozessorientiert. Samatha betrachtet geistige Konzepte (Vorstellungen), Vipassana betrachtet direkte Wirklichkeit (Erfahrungen). Samatha stützt sich auf das Geistbewusstsein, Vipassana stützt sich auf das Sinnesbewusstsein. Samatha erlangt und erfährt die Einheit, Vipassana erlangt und erfährt die Leerheit..........Wer Vipassana mit Hilfe von Samatha praktiziert, der erlangt endgültige geistige Befreiung, geht über die geistigen Muster und Konzepte hinaus. (S. 47 Der grundlose Grund aller Phänomene von Franz-Johannes Litsch, ein Artikel in der Zeitschrift Ursache & Wirkung, Sommer 2015, U&W92)

Mit dem ganzen Sein zuzustimmen, ja zu sagen zu allem, was geschieht, wie schrecklich es auch sein mag, das macht dich frei. Wenn dieses Ja gesagt wird, dann zerfallen die Türen des Todes und der Illusion. (aus: Der Pfad ins Herz von Andrew Harvey, S.164, rororo, 1994)

Das *Sui Generis Mentaltraining* entstammt also der Familientradition der Meditation, und es nutzt sie ebenso, wie auch das Vorfeld der Shamata Vipassana Achtsamkeitsmeditation. Ein wesentlicher Teil des *Suigeneris Mentaltrainings* ist das Öffnen des Geistes und das achtsame Betrachten des natürlichen Gedankenstromes in seinem Variantenreichtum, seinem Aufbau, seiner Präsenz, seiner Bezugnahme, seinem Wandel.
Diese Vorgehensweise kristallisiert entscheidende Faktoren heraus: Präsenz, Bezug und Wandel. Eine gigantische Menge an Gedanken und deren Kombinationsmöglichkeiten bilden als Potenzial Entwicklungswahrscheinlichkeiten aufgrund von Vorstellungen, Erwar-

tungshaltungen, Wahrnehmungsdeutungen und Verarbeitungsmustern.

Wir haben Gedanken/Gefühle, sind aber nicht unsere Gedanken/Gefühle, sondern weit mehr als das, aber unsere bewussten Gedanken/Gefühle spielen eine entscheidende Rolle dabei, Realität isolieren zu können, sie sind aber nicht die Realität und beleuchten auch nur den isolierten Ausschnitt eines Potenzials und nennen ihn dann Realität. Daraus ergibt sich, dass wir uns nicht mit unseren Gedanken identifizieren, nicht unseren persönlichen Wert von ihnen ableiten, und dass Gedanken nur eine auf uns bezogene Realität besitzen und keine absolute oder allgemeingültige.

Realität ist Identifikation, eine Potenzialbegrenzung, die immer einen einschränkenden Zusammenhang hervorhebt, der z.B. durch vergangenes Geschehen, Zukunftsvisionen, Gefühle und Synthesen belebt wird. Gegenwärtiges Sein ist das reine Sein, das aber durch Vergangenheits- und Zukunftsdenken, genau genommen durch jede Art des begrenzenden Denkens, verloren geht. Die Gegenwart kann gar nicht durch das Denken erfasst werden, sie ist zu kurz, (2,7 Sekunden) (gleichzeitig das einzig Existente mit Bestand für uns) denn sie fließt. Es kann in ihr gelebt werden, nicht bewusst – denkend, aber durch Bewusst – Sein.

Wenn die Sinne sehr wachsam sind, dann kann man sofort die Wahrheit erfassen, die überall ist. Der Geist muss befreit werden von alten Gewohnheiten, Vorurteilen, unproduktivem Denken, selbst von gewöhnlichem Denken. (aus: Bruce Lee: Jeet Kune Do, Falken, 1993, S.18)

Durch was stellen wir Kontakt her zur Außenwelt, zum Leben außerhalb, aber auch innerhalb von uns? Durch das Fühlen und Denken, nennen wir es Bewusstsein. Wir nehmen uns selbst und unsere Umgebung war, sind zu einer Selbstreflexion, ebenso wie zur Kombination und Analyse fähig. Wir erinnern uns an Vergangenes und machen uns Vorstellungen des Zukünftigen. Wir fühlen, durchdenken etwas und versuchen, es in Worten auszudrücken. Unser Alltagsbewusstsein haben wir zur differenzierten Wahrnehmung und spezifizierten Beschreibung und Bearbeitung in Wirkungsabteilungen abgegrenzt, für die wir Namen wie Unterbewusstsein, Bewusstsein, Psyche, Geist, Seele usw. geschaffen haben, denn uns Menschen fiel irgendwann auf, das es unterschiedliche Grade von Arbeitsqualitäten und Arbeitsquantitäten für unser Bewusstsein gibt, das auf einem Zeitstrahl von Vergangenheit zur Zukunft angelegt ist. Das Bewusstsein kann getrübt, aber auch geschärft sein, es kann sich erweitern oder abstumpfen, es kann Bereiche abspalten oder umformen, es kann sich sogar ausschalten, wenn wir es z.B. mit Alltagserfahrungen, Alkohol, Drogen, Medikamenten, Meditation, Liebeserklärungen, Todesbotschaften, gemachten Lottogewinnen, Folter usw. konfrontieren. Malträtieren wir es mit einem sehr großen, schnell vermittelten Dateninput, welcher dann auch noch zu emotionalen Wechselbädern führt, ist das Bewusstsein schnell überfordert, da es ab einer gewissen Quantität und Qualität von Informationen nicht mehr in der Lage ist, mit ihnen differenziert umzugehen. Bestenfalls stumpfen wir ab. Der größte Teil menschlicher Wahrnehmung sickert grundsätzlich in eine Abteilung des Bewusstseins, die Unterbewusstsein genannt wird. Das Unterbewusstsein soll ca. 11 Millionen Eindrücke pro Sekunde verarbeiten. Dem Bewusstsein gelingt in der gleichen Zeit die Auseinandersetzung mit 40 Eindrücken. *(Zahlen-Info aus: Welt der Wunder, Ausgabe 9/2007 Seite 16)* Wir stumpfen also nicht erst durch die heutigen Informationsmüllchaosstürme ab, sondern wir sind schon seit unendlicher Zeit eine fast bewusstlose, auf Automatik programmierte Spezies. Vielleicht glückliche Ausnahmepersonen, die von Geistesblitzen getroffen ein wenig Licht erblickten, versetzten die alten Programme in Aufruhr, meist aber nur kurz, dann wurden neue Ideen mit alten Bestrebungen kompatibel gemacht.

Machen wir uns den Spaß und ziehen einen Vergleich zu dem zweiten Hauptsatz der Thermodynamik, demzufolge die Entropie (Unordnung) eines Systems entweder erhalten bleibt oder zunimmt, aber niemals abnehmen kann. Die Entropie ist das Maß der Unordnung in einem geschlossenen System. Das statistische Gesetzt der Entropie besagt, dass die Zeit nur von der Vergangenheit in die Zukunft fließen kann. Alle thermodynamischen Bewegungen bleiben auf dem gleichen Stand oder laufen auf gesteigerte Unordnung hinaus. Mit dem Verstreichen der Zeit nimmt die Unordnung immer zu.

Setzten wir die Bewusstseinsformen (Alltagsbewusstsein, Unterbewusstsein, Seele, Psyche etc.) und ihre Bezüge einem geschlossenen System gleich, dessen dynamisches Verhalten mit den thermodynamischen Bewegungen vergleichbar wäre, würde unser Bewusstsein gleich ungeordnet bleiben, oder es würde sich die Unordnung mit dem Verstreichen von Zeit steigern. Das neu Wahrgenommene und Erlebte wird fast ausschließlich den unbewussten Kategorien angepasst und zugeordnet, ohne gravierende Änderungen des Archetypischen mit sich zu bringen, oder aber der Versuch, mit den neu aufgenommenen Wahrnehmungen und Erfahrungswerten so umzugehen, dass sie direkten Einfluss auf die Verhaltensweisen haben, führt zu gesteigerter Unordnung und in ungünstigem Falle zu möglichem Zerfall durch Überforderung.

Wir können dem entropischen Zeitstrahl der ewigen Vergangenheits- Zukunftsausrichtung und damit dem Bewusstseinschaos oder gar dem Bewusstseinszerfall (Abstumpfung, Verödung) entgehen, indem wir die Zeit neutralisieren, und dies geschieht in der Lücke zwischen den Gedanken. Bei der Praxis des *Sui Generis Mentaltrainings* üben wir uns darum u.a. in 2 Dingen: dem Beobachten der Gefühls-/Gedankenströme (Achtsamkeit) und der Meditation (Lücke).

Dieses Üben erlaubt uns, eine Identifikation mit dem achtsam Wahrgenommenen, mit dem Beobachteten, mit dem Erfahrenen zu *wählen*, diese Identifikation *momentan aufzugeben,* oder aber sie *generell zu unterlassen,* denn findet keine Identifikation mit Informationen statt, ist das Bewusstsein frei, ungebunden und damit fähig, sich mit jedem Potenzial eventuell neu zu verbinden. Ansonsten fixiert die eigene Ausrichtung nur einzelne Punkte oder Bereiche des *absoluten reinen Potenzials* und strömt nicht mit dem Ganzen.

Als höchste Freiheit eines lebenden Menschen würde ich die wirkliche Entscheidungsfähigkeit im jetzigen Moment ansehen. Die momentane Bindung, die wirklich wach und bewusst aus den Möglichkeiten der *engen Fokussierung,* der *weiten Fokussierung* und der *Leere* gewählt wurde.

Wenn wir den Geist entspannen, lösen sich die alten, verfestigten Muster. Das Gehirn bekommt die Chance, andere neuronale Verbindungen zu knüpfen. (Zitat: Fred Gratzon, the lazy way to succes, S.158, J. Kamphausen Verlag, 2007)

Bewusst – Sein ist in allem und es ist alles, es hat keine Raumzeitbegrenzung, es ist immer und überall, es ist in sich zeitlos – dynamisch – ruhend, ohne Anfang, ohne Ende, es ist *absolutes reines Potenzial,* das sich durch Wahrnehmung (Gefühl, Gedanke, Idee, Vision, Erinnerung, Wunsch, Befürchtung, Glaube, Wissen, Wille etc.) dynamisieren kann und damit Anfang wie Ende in einem Bewusstseinskomplex setzt, nicht aber in seiner grundsätzlich ruhenden Präsenz, wenn es einmal in Bewegung versetzt wurde, denn das *absolute reine Potenzial* hat keinen Anfang und kein Ende.
Paracelsus prägte die Analogie – *dasjenige, welches unten ist, ist gleich demjenigen, welches oben ist, und dasjenige, welches oben ist, ist gleich demjenigen, welches unten ist, um zu vollbringen die Wunderwerke eines einzigen Dinges.* Er drückte damit aus, dass im makrokosmischen wie im mikrokosmischen Bereich die gleichen Gesetze herrschen. Die modernen Astrophysiker behaupten, dass es der Schwerkraft nie gelingen wird, die Urknalldynamik abzubremsen. Es wird keine

Rückkehr in den Anfangszustand geben, sondern ständige Ausdehnung.

Wenn Bewusstsein mal einen Anfang hatte, so wird es nie dahin zurückkehren, nicht das einer Persönlichkeit noch das eines Kollektivs oder eines Kosmos. Es existiert kein Anfang und kein Ende nach den heutigen Denkspielen der Astrophysiker, die den jahrtausende alten Aussagen der Mystiker sehr nahe sind, denn vor dem Urknall, wie man ihn sich heute durch Beobachtung und Berechnung vorstellt, war etwas, das ihn auslöste. Das ewige Sein, das sich endlos aus sich heraus wandelt, das aus NICHTS ALLES macht und selbst weiterhin NICHTS ist, das unserem Bewusstsein als ALLES erscheinen kann, ist nur eine Illusion, und noch nicht einmal das. Als solches ist es Realität.

19
Tai Chi Chuan

Die *Sui Generis Mentaltraining* Systematik übt sich in der Nutzung aller Daseinsphänomene und Erlebnisverarbeitungsvarianten, die dem Menschen als Spezies an sich derzeit zugänglich sind, und dann jeweils von einer speziellen Persönlichkeit auf ihre Art und Weise gehandhabt und weiterentwickelt werden kann.

Wie bereits erwähnt, bedient sich die *Sui Generis Mentaltrainig*ssystematik u.a. der Kunstformen des Qi Gong und des Tai Chi Chuan. Diese Kunstformen gehören also ebenso wie die Shamata Vipassana Meditation zur Familie. Als *Königskunstform* möchte ich den alten Kampfkunstweg des Tai Chi Chuan (taijiquan) hervorheben, weil er anspruchsvoll die Kernpunkte des *Suigeneris Mentaltrainig*übungsweges, den scharfen (engen) Fokus, die Abstand – Draufschau (weichen, weiten Fokus) und die Leere herausarbeitet und miteinander kombiniert, um vollkommen präsent und aktiv im Hier und Jetzt zu sein.

Professor Cheng Man-ch´ing unterrichtete das Tai Chi Chuan als ein Dao, als Lebensweg, und so möchte ich es auch in Verbindung mit dem *Suigeneris Mentaltraining* verstanden wissen.

Diese traditionelle Kampfkunst mit dem Namen Tai Chi Chuan (das Höchste, Letzte = Tai Chi; Chuan = Faust) ist den meisten westlichen Menschen eher als Gesundheitsübung in Zeitlupengeschwindigkeit zur Kräftigung, Beweglichkeitsförderung und Entspannung bekannt. Als innere Kampfkunst hat sie allerdings dem Menschen, der intensiv einsteigen möchte, erheblich mehr zu bieten. Eine Kampf*kunst* ist kein Kampfsport. Kunst bezieht die gesamte Persönlichkeit in ihrer vielschichtigen Entwicklung und auch den Bezug zum realdynamischen Umfeld mit ein. Kampf möchte Überlegenheit. Dazu gehören im Tai Chi Chuan einige Bedingungen, die es zu erfüllen gibt, und zwar nicht für einen begrenzten Zeitraum, wie im Sport, sondern als ganzheitliche Grundsätzlichkeit. Die Bezeichnung innere Kampf*kunst* deutet an, dass das äußerlich Sichtbare ein Ausdruck einer inneren Qualität ist. Dazu gehört u.a. das optimal abgestimmte Wechselspiel von *engem, weitem und fließendem Fokus* in Bezug auf die Realdynamik einer gegenwärtigen Istsituation, zu der alles von einer Person, wie alles um sie herum, zählt. Eine Erweiterung des Bewusstseinsfeldes ist die natürliche Folge. Dies ist ein innerer Prozess, der, wie in jeder alltäglichen Aktivität, die Grundlage zur Entscheidung und Handlung ausmacht, bei den meisten Menschen aber überwiegend unbewusst abläuft, mithilfe des Tai Chi Chuanübens aber an involviertem Bewusstsein gewinnen kann und soll. Yang Cheng Fu (1883-1936, ein Enkel von Yang Lu Chan (1799-1872), dem Yang Stil Gründer, veränderte den Yangstil, nannte ihn Großen Rahmen und schrieb eine gleichmäßige Geschwindigkeit vor; aus: Taijiquan & Qigong Lexikon von Monika und Gabi Lind, Kolibri Verlag 1995) soll gesagt haben: *„Tai Chi Chuan ist Meditation in Bewegung und Bewegung in Meditation".* (S. 11, Das Pflegen des Qi von Stuart Olson (Hg.), Aurum Verlag, 2000) Auf S. 58 des gleichen Buches lesen wir: *„Unter mentalen Gesichtspunkten gesehen beruhen Tai Chi Chuan und Meditation auf den gleichen Prinzipien, deshalb führt das Üben des Tai Chi Chuan auch zu den gleichen Resultaten wie die Meditation".*

Wer Tai Chi Chuan übt, sieht sich mit verschiedenen Anforderungen konfrontiert. Er muss sehr genau körperliche Haltungsgrundlagen und Bewegungsabläufe, die in der Regel nicht den alltäglichen Gewohnheitsmustern entsprechen, erlernen und möglichst differenziert und exakt sichtbar machen. Dazu muss er in der Lage sein, den Fokus genau und dabei variabel auszurichten, und er sollte sein Wunschdenken von der akuten Realhandlung unterscheiden können. Der momentane Istzustand sollte dann akzeptiert werden können, um ihn den Tai Chi Chuan Regeln gemäß zu handhaben. Um aber die Permanentdynamik eines Tai Chi Chuan Ablaufes mit der eigenen Körperausrichtung,

Atmung, Geistes- und Gefühlsverfassung, der Raumorientierung und dem Mitübungspartnerbezug in seiner akuten Direktheit und Vielfältigkeit zu überschauen, bedarf es eines Wechsels zwischen der *engen und der weiten Fokussierung*. Nur die *weite Fokussierung* ermöglicht den Überblick über den Gesamtzusammenhang von Körperkoordination, Energieeinsatz, Raumbezug und der Verbindung zur Ganzheit der Ist-Situation. Die *enge Fokussierung* richtet sich nur auf Details wie z.B. den Abstand der Finger zueinander, die Abspreizung des Daumens, Abstand des Oberarms zum Rumpf, Position des Ellbogens, den Winkel zwischen Oberschenkel und Wade, die relative Streckung und Beugung der Knie, die Gradeinteilung des gesetzten Fußes im Verhältnis zur Mittellinie zwischen beiden Füßen, die Kopfhaltung, die Hüftführung, die Achsenkontrolle, die Prinzipienumsetzung etc. Die *fließende Fokussierung* ermöglicht den schnellen Wechsel zwischen *weitem Fokus – zu engem Fokus – zu weitem Fokus*, um auf diese Weise das Zusammenspiel der einzelnen Ist - Situationskomponenten als Ganzheit zu erleben und auszudrücken. Im Sinne der Neurowissenschaft wird auf diese Weise die Neuroplastizität des Gehirns genutzt und angeregt, denn es werden geistige Bewusstheit, Körperaktivität und Energieeinsatz verbunden. Schlafende Schaltkreise des Gehirns werden geweckt und stimuliert. Ein nicht abzuschätzender Vorteil zur Erweiterung neuronaler Schaltkreise zugunsten einer erweiterten Beziehung zwischen Gehirn, Körper, Umfeld und Bewusstsein.

Eine grundlegende Tai Chi Chuan Übungsformel könnte lauten:

Richte deinen engen Fokus abwechselnd auf die verschiedenen körperbezogenen Teile des Übens (dazu zähle ich auch das Denken, Fühlen und die Atmung); richte deinen weiten Fokus auf die Gesamtkörperkoordination aller körperlichen Bestandteile, verbinde sie so miteinander und integriere den Raumbezug; nutze die Leere für das Auflösen von alten Mustern, damit eine wirklich neue Gegenwart entstehen und sich permanent wandeln kann und nicht hauptsächlich die Kopie von Vergangenem abgespult wird. Dies kann eine Tai Chi Chuan Form vermitteln, und von einer angewandten Kampfkunst wird es grundsätzlich erwartet.

Wer sich mit dem Tai Chi Chuan beschäftigen möchte, kann dies sein Leben lang tun, denn es verkörpert wie kaum ein anderes künstliches System den ständigen Wandel, das ewig Neue und Lebendige. Das ihm innewohnende Nachgeben und Akzente setzen bewegt sich gemeinsam als ein Ganzes zu immer weiteren kreativen Schöpfungen endloser Wahrheiten, bis das Bewusstsein sich möglicherweise im puren Sein verliert und zu einem freien, fließenden Bewusst – Sein wird.

Das Üben der ´Form´ verlangt zwingend die drei Aspekte: den *scharfen (engen) Fokus*, den *weichen (weiten) Fokus* und die *Leere*. Gelingt dem Übenden die bewusste Handhabung dieser drei für das *Suigeneris Mentaltraining* so wesentlichen Aspekte, dann schafft er sich durch eine Kunstform das Rüstzeug für eine formlose Echtzeitwandlung auf den vielen alltäglichen Ebenen des einzigartigen Seins.

20
Kleine Auflockerung

Entwicklung wird erst dann möglich, wenn die Dinge unbelastet wahrgenommen werden, als das was sie sind.
(aus: Mehr Energie durch Shaolin Qi Gong, S. 93, von Egger, Zwick, Shi Yong Chuan, Knoll, Springer-Verlag, Wien 2006)

Ein schönes Augenzwinker-Beispiel für eine mögliche mentale Bezugnahme bietet ein fiktiver Anfänger mit dem Qi Gong Umgang.

Der an Rückenschmerzen leidende interessierte Anfänger hat gelesen, dass Qi Gong Übungen gut für die Gesundheit sind, entspannend wirken, leicht zu erlernen sind und nichts weiter benötigt wird, als guter Wille und eine gute Anleitung. Seine Erwartung, die sich aus diesen Informationen, seinen Wünschen, Hoffnungen und Ängsten ergibt, prägt seinen Glauben, seine Vorstellung und seine Motivation. Er ist überzeugt, dass es ihm leicht fallen wird, diese gymnastischen Übungen, die in China alte Leute betreiben, erlernen zu können. Er meldet sich zu einem 10x60 Minuten dauernden Anfängerkurs an und erfährt, dass die zu erlernende Übungsfolge etwa drei Kursblöcke erfordert, bis sie als solche grundlegend erfasst ist, sich darauf aufbauen lässt und ein regelmäßiges Training mit den verschiedenen Nutzfaktoren sinnvoll und eigenständig umgesetzt werden kann. „Das dauert ja fast ein ganzes Jahr, bis ich alles richtig gelernt habe. Wie kann das sein, dass so ein bisschen Gehampel so lange braucht, bis man es kann? Der Lehrer ist ja noch nicht mal Chinese." Dem interessierten Anfänger wird erklärt, dass Qi Gong Übungen zwar so aussehen können wie einige der bekannten Gymnastikübungen westlicher Prägung, dass sie aber ganzheitlicher Art sind. Damit ist gemeint, dass der Körper die Abläufe ungewöhnlich exakt für allgemeine westliche Vorstellungen ausführt, Körperbewegung und Atmung in Einklang kommen und der Geist diese Übungen mitmacht, korrigierend einwirkt oder bestimmte andere Bezüge aufbaut, aber immer auf jeden Fall mit dem gegenwärtigen Augenblick beschäftigt ist, und nicht durch seine Ausrichtung auf die Vergangenheit/Zukunft einen Gegenpool zur Gegenwart aufbaut, sodass dadurch ein starker Energieaufwand nötig wird. Immer zu wissen, was man gerade wirklich macht und sich dadurch an die Erfordernisse bewusst und energiesparend anzupassen, ist eine wesentliche Grundlage des Qi Gong.

Nach den ersten Übungsstunden merkt der interessierte Anfänger möglicherweise, dass seine Rückenschmerzen leicht zunehmen, ihm zusätzlich die Knie, die Schulter, die Oberschenkel und die Füße schmerzen. Von Entspannung kann nicht die Rede sein, im Gegenteil. Und dann noch diese ständigen Anweisungen und Korrekturen, wie man die Grundhaltungselemente zu berücksichtigen hat, als sei man ein kleines Kind, und der Übungsnachbar kann´s auch noch besser. Streber. Nein, so hat sich der interessierte Anfänger das Ganze nicht vorgestellt. Klar war schon, dass es etwas Neues zu lernen gibt, aber dass dem interessierten Anfänger dabei auffällt, dass er für seine körperliche Haltung kein rechtes Empfinden hat und ihm der Lehrer das auch noch ständig mehr oder weniger direkt klar macht, nein, das hat er sich anders vorgestellt. Und es kommt noch schlimmer. Der interessierte Anfänger hat nicht nur ein desolates Körperempfinden, seine auf das Tun bezogene Aufmerksamkeit lässt ebenfalls sehr zu wünschen übrig. Darauf hingewiesen steigt sein Missfallen gegenüber diesem pingeligen Lehrer und überhaupt, vielleicht ist Qi Gong doch nicht so gut. Aber es muss was geschehen und der Arzt hat ja gesagt, dass ich selbst was machen muss. Der interessierte Anfänger hält durch. Wat mut, dat mut. (Björn Engholm) *Nun gibt es ja auch Übungsbilder, die ganz schön sind, andere hingegen sind nicht so toll. Der interessierte Anfänger bemerkt auf Anfrage des Lehrers, warum er denn die Stehbilder so unangenehm findet, dass er eine innere Abneigung gegen diese Art von Übungsbildern empfindet. Er will sie nicht machen, weil seine Schulterschmerzen dadurch stärker werden, und dieses Stehen auch noch langweilig ist. Die Anweisung, bei dieser Art von Übung die Aufmerksamkeit auf das Heben und Senken der Bauchdecke zu richten, ignoriert er standhaft zu Gunsten eines inneren Dialoges renitenter Natur: „Scheißübung, einfach blöd rumstehen, was soll das? Geist ausrichten, der Körper entspannt sich von selbst, so´n Quatsch, mir tut alles weh. Mach ich nicht, so ein Blödsinn." Der interessierte Anfänger verbringt auf diese Weise sieben Stunden des Anfängertrainings und ist inzwischen reichlich genervt über die Inkompetenz des Lehrers und überhaupt ist Qi Gong ja wohl keine Entspannungsübung, genauso wenig wie es für die Gesundheit gut ist, denn ihm geht es ja eher noch schlechter als vorher. Nun ja, der Lehrer hat gesagt, dass der Körper und der Geist sich auf die neuen Gegebenheiten einstellen müssen, dass das Denkmuster wie das Verhaltensmuster erkannt und akzeptiert werden sollten, bevor sie gewandelt werden können. „Ich will doch kein anderer Mensch werden. Ein bisschen was tun ist OK, aber das hier, ich weiß nicht."*

Der interessierte, erwartungsvolle Anfänger sieht sich konfrontiert mit körperlichen Haltungs- und Bewegungsmustern, mit Empfindungs- und Denkmustern. Diese zu bemerken, zu nutzen, mit einzubeziehen oder zu wandeln ist ein wesentlicher Aspekt des Qi Gong Übungskonzeptes, bei dem es u.a. um eine Lebenskraftoptimierung auf allen beteiligten Ebenen während des Tuns geht.

Das Qi Gong Übungsfeld ist ebenfalls ein klassisches Beispiel für Arbeitsmittel des *Suigeneris Mentaltrainings*, bei dem einfach alles Erdenkliche (körperliches, geistiges, emotionales etc.) genutzt werden kann. Es kommt nur darauf an, wie der Bezug hergestellt wird und wie die beteiligten Komponenten koordiniert werden. Qi Gong bedeutet: *Umgang mit der Lebensenergie, der Lebenskraft.*

Wie schon erwähnt ist für mich persönlich besonders beispielhaft für ein effektives Übungsfeld des *Suigeneris Mentaltrainings* der Kampfkunstaspekt des Qi Gong, das Tai Chi Chuan, das als Kunstform mit seinem raumgreifenden Bewegungsfluss die Dynamik des Seins hervorragend spiegelt – das Potenzial, die Wahrnehmung, die Interpretation und die Abstimmung bestens unterstreicht.

Erfolgreich angewandte Kampfkunst benötigt einen offenen, unabhängigen, beweglichen Geist, der mit dem *engen, weiten und fließenden Fokus* virtuos spielen kann. Der schnelle Wechsel dieser drei Ebenen drückt sich in Wahrnehmungs-, Bezugs- und Handlungsdynamiken aus.

Wenn die Shamata Vipassana Meditation als sitzende Komponente ein tragender Pfeiler der *Suigeneris Mentaltrainingsfamilie* ist, und das Vorfeld der Meditation, wie auch die Meditation selbst mit unterschiedlichen Schwerpunkten genutzt werden, so stellen die bewegten Komponenten des Qi Gong und Tai Chi Chuan einen weiteren Pfeiler dar. Viele andere Arbeitsmittel, in Ruhe oder in Bewegung, mit und ohne einen Partner genutzt, stehen zur Verfügung. Danach kann nur noch der praktische Alltagsbezug den *Sui Generis Mentaltraining*sanwender herausfordern.

Unsere Aufmerksamkeit ist unsere wertvollste Hilfsquelle, denn sie ist der einzige unverzichtbare Aktivposten, mit dem wir etwas tun können. (aus: Abenteuer Denken von Clinton Callahan, S. 35, Genius Verlag, 2004)

21
Verdichtet

Auch wenn wir durch und mit dem *absoluten reinen Potenzial* in und um uns herum existieren, so erscheint uns eine bewusst gewollte und gezielte Abfrage von Informationen aus dem Potenzial als unmöglich. Unsere Art der Fragestellung, die Selektion und die Interpretation grenzen den Informationsfluss drastisch ein und verzerren ihn. Den großen, sich permanent wandelnden Zusammenhang können wir anscheinend weder sehen, erleben, verstehen, noch wiedergeben oder ausdrücken.

Schränkt unser Denken den Informationsfluss durch einen *engen Fokus* nicht ein, sondern behält unsere Aufmerksamkeit durch einen *weiten Fokus* die Zusammenhänge im Blick, so bemerken wir die Systematik und Begrenzungen unserer engen Welt des Denkens und die damit verbundenen Einschränkungen, die wir uns dadurch auferlegen jedenfalls zu einem gewissen Teil.

Trennen wir uns komplett ab vom Denken (Meditation), so ruhen wir tief und setzen Kraft (Energie) frei. Es ist nicht nur Entspannung und Regeneration auf allen Seinsebenen möglich, sondern das Zulassen des freien Informationsflusses, den das *absolute reine Potenzial* birgt. Und wie ja schon an anderer Stelle beschrieben, trägt das *absolute reine Potenzial* alles in sich und wir können uns, indem wir *nichts tun*, darin üben, dieses *absolute reine Potenzial* zuzulassen, um auf diese Weise uneingeschränkten Zugang zu allen seinen Informationen zu erhalten.

Wenn wir die Energie freisetzten, die wir im Fühlen und Denken sowie in den körperlichen Spannungszusammenhängen binden, so kann diese Energie vermehrt Informationen aus dem *absoluten reinen Potenzial* aufnehmen. Wir haben die Chance durch aufmerksame Beobachtung und *Versenkung* neue Informationskombinationen zu entwickeln, und nicht nur die gewohnten Konstellationen durch immer wiederholte Verhaltens-, Denk- und Gefühlsmuster abzurufen, wenn unsere Bezugnahme offen, beweglich und variabel bleibt, trotz der notwendigen engen Fokussierung, um entscheidungsfähig und handlungsbereit zu sein.

Wie schon gesagt gehören zur Familie des *Sui Generis Mentaltrainings* die Shamata Vipassana Meditation, Qi Gong, Tai Chi Chuan, die Künste, der Schamanismus,

Taoismus und Tantrismus, der Alltag, die Liebe zum und die Freude am Leben.

Für fast jeden Menschen stellt mein Arbeitsmodell ein Angebot bereit, dass auf die jeweilige Persönlichkeit abgestimmt werden kann, nachdem ein Vorgespräch stattgefunden hat, und der Klient sich bereit erklärt, sich zu engagieren statt einfach zu konsumieren. Das Angebot kann variabel mit dem Klienten wachsen, es ist sozusagen ähnlich dynamisch wie das Leben selbst und begleitet den Klienten somit sanft aber stetig in die Unabhängigkeit von meinem Modell, das ihm als Inspiration und unterstützende Ordnung dienlich sein soll.

Auf Seite 51 habe ich folgendes geschrieben: *Der Leerezustand, auch Meditation genannt, ist die höchste Präsenz menschlichen Gewahrseins, die uns heute bekannt ist. Der Vollständigkeit halber möchte ich noch das Nahtoderlebnis erwähnen, das die Präsenz und Seinsnähe zum absoluten reinen Potenzial, die ein Meditationserleben ermöglicht, noch zu übertreffen scheint. Durch die lebensbedrohliche Situation ist selbstverständlich von jedem Experimentieren abzuraten.* Natürlich möchte ich niemandem zu einem selbst hervorgerufenen Nahtoderlebnis raten, um herauszufinden, wie dadurch der Informationsstrom zwischen dem *absoluten reinen Potenzial* und einer bewussten persönlichen Verarbeitung der Informationen aufgebaut, stabilisiert und genutzt werden kann, denn ein Nahtoderlebnis ist nun mal nicht zu vergleichen mit einer Meditation.

1959, ich war 4 Jahre alt, hatte ich ein Nahtoderlebnis, ausgelöst durch einen drohenden Ertrinkungstod. Die Situation war also sehr *handfest* und *haarscharf*.

1978, ich war 23 Jahre alt, hatte ich ein zweites Nahtoderlebnis. Es gab damals keine Anzeichen einer lebensbedrohenden Situation um mich herum oder aus mir heraus, nur deutlich mehr belastenden Stress als gewohnt. Trotzdem erlebte ich die gleichen Phänomene, die mir von 1959 noch sehr bekannt und präsent waren.

In mir reifte die Frage: Kann ein Nahtoderlebnis den Zugang zum *absoluten reinen Potenzial* schaffen und die Türen angelehnt lassen, sodass das Erleben leichter reproduzierbar wird, der Weg regelmäßig gegangen werden kann, ohne in den Wiederholungen sein Leben aufs Spiel setzen zu müssen?

Es gibt sehr viele Menschen, die ein Nahtoderlebnis erfahren haben. Über die direkten Erlebnisse und seine Folgen in den Jahren danach zu sprechen, war und ist nicht selbstverständlich, denn man läuft Gefahr, in eine geschlossene Anstalt eingewiesen zu werden. Das Verständnis im Familien- und Freundeskreis ist im besten Falle mehr als begrenzt. Ärzte hatten (und haben) keine Ahnung von Nahtoderlebnissen und deren Auswirkungen auf unser weiteres Erleben. Trotz dieser Gefahr möchte ich darauf hinweisen, dass nach meiner Erfahrung durch ein Nahtoderlebnis sehr viele Veränderungen auftreten in der Hinsicht des Informationsaustausches zwischen dem *absoluten reinen Potenzial* und einer Persönlichkeit. Leider ist man in der Regel im Umgang mit diesen gewaltigen Veränderungen auf sich allein gestellt und verliert sehr viel Zeit und eventuell auch Kraft dadurch, denn mir sind in den vielen Jahrzehnten weder persönlich noch durch schriftliche Berichte Fachleute zu der Thematik bekannt geworden.(Vier neue Bücher zum Thema stehen in der Literaturliste) Ich finde, dass es an der Zeit ist, mehr Erfahrungsaustausch zwischen den Menschen, die ein Nahtoderlebnis erfahren haben, stattfinden zu lassen, um herauszufinden, ob uns Menschen dadurch eine Möglichkeit, *Bewusstsein – Sein* zu leben, gegeben ist.

Wenn ein Nahtoderleben die Türen öffnet und die Wege flutet, ohne dass wir durch die Informationsart und Informationsmenge Schaden nehmen, so sind wir durchaus in der Lage, auch durch Eigeninitiative die Türen zu öffnen und die Wege zu fluten, um unsere derzeitigen Bewusstseinsbegrenzungen zu erweitern. Dies wäre nach meinem Wissen Neuland in der Persönlichkeitsentwicklung hin zum Bewusst – Sein.

Natürlich möchte ich meine zukünftigen Klienten nicht abschrecken, selbstverständlich wird niemand durch meine Arbeit mit einem Nahtoderleben konfrontiert, aber diejenigen Leser, die bereits ein solches Erlebnis hinter sich haben, möchte ich anregen, mir zu schreiben und mir ihre Erlebnisse zu erzählen, damit wir die Erfahrung möglichst vieler Menschen nutzen lernen können, um zu einem erweiterten Bewusstsein zu finden, damit die wirklich wichtigen Dinge des Lebens unter uns Menschen mehr Raum finden.

(gesammelt aus dem Buch: Der Appell des Dalai Lama an die Welt, Ethik ist wichtiger als Religion, Benevento Publishing, 2015, sind folgende wertvolle Eigenschaften: Liebe, Güte, Zuneigung, Fürsorge, Achtsamkeit, Mitgefühl, Geistesschulung, Mut, Geduld, Zufriedenheit, Verständnis, Kooperation, Toleranz, Respekt, Gewaltlosigkeit, Aufrichtigkeit, Wertschätzung, Großzügigkeit, Aufmerksamkeit, Versöhnlichkeit, Nachsicht, Klarheit des Geistes;)

Gandhi: *Wir müssen selbst die Veränderung sein, die wir in der Welt zu sehen wünschen.*

22
Wird der Mensch noch gebraucht?

Die Kybernetik verwischt die Grenzen zwischen der Natur des Menschen und intelligenten Maschinen, indem nach Skinners behavioristischen Weltbild der Mensch einer Maschine ähnlicher sein soll, als ihm das lieb sein kann. Bye bye freier Wille, hallo Determinismus (Vorbestimmtheit). Der Mensch ist mathematisch in seinen Entscheidungen berechenbar und in seinen Handlungen manipulierbar. Damit verliert er die Hoheit über sich selbst. Besser: er hatte sie nie. Ohne Außenanregung (Reiz und Reaktion, Input und Output) ist der Mensch in seiner Entwicklung sehr eingeschränkt, denn nach Skinner ist jedes menschliche Lernen und Verhalten ein Resultat der Umwelt, in die ein Lebewesen hineingeboren wird. Bewusstsein, freier Wille oder Autonomie sind für Skinner unwissenschaftlicher Quatsch, weil sie nicht kontrollierbar oder experimentell nachweisbar sind. Innerlich motivierte Verhaltensweisen gibt es für Skinner nicht. Damit ist der Mensch vergleichbar mit einer Maschine, die mit menschlichen Attributen versehen ist, die mit mathematischen Anweisungen, einer algorithmischen Regulation, einem selbstorganisiert lernenden System, wie es in heutigen Maschinen angestrebt wird oder auch schon üblich ist, arbeitet. Diese Maschinen mit einem intelligenten Algorithmus sind allerdings weitaus schneller in der Lage zu lernen und ihre Intelligenz weiterzuentwickeln als der Mensch, wenn sie mit riesigen Mengen an Informationen gefüttert werden. Ihre künstlichen neuronalen Netze werden die Kapazitäten natürlicher neuronaler Netzwerke des Menschen erreichen

(2020 schätzt das Pentagon, S. 35, Kai Schlieter, Die Herrschaftsformel, Westend, 2015) und dann rasant überholen.

Bewusstsein heißt: wir sind wach, wir denken, wir fühlen, wir kommunizieren, wir handeln, wir forschen, wir lieben, wir lügen, wir sind empathisch, wir wissen, was läuft. Wir sind geistige Wesen. (siehe auch: Markus Gabriel, Ich ist nicht Gehirn, S.11, Ullstein, 2015)

Peter A. Levine sagt: *Bewusstsein beruht grundlegend auf der Fähigkeit, Bewegungen abzusehen und vorauszusagen. Auf der grundlegendsten Ebene ist Bewusstsein einfach eine Strategie, eine evolutionäre Erfindung, die Lebewesen ermöglicht, besser vorauszusagen, welchen Weg sie (in Raum, Schwerkraft und Zeit) nehmen müssen, um Nahrung, Unterkunft und Schutz zu finden.* Weiter: *Unsere grundlegenden Überlebensinstinkte sind das evolutionäre Triebwerk, auf dem das Schloss des Bewusstseins errichtet wurde. Bewusstsein ist keine ausschließlich menschliche Eigenschaft, variiert in Qualität und Quantität jedoch nach Komplexität des Nervensystems einzelner Organismen, nicht aber als grundlegendes Phänomen als solches.* (aus: Peter A. Levine, Sprache ohne Worte, Kösel 2012, S.292/293)

Deepak Chopra meint: *Der Geist kann einfach nur sein. Das Sein selbst könnte die höchste Wirklichkeit sein. Das Sein handelt nicht, deshalb bleibt es vom Karma* (Motivation zum Handeln) *unberührt. Wenn das Sein die höchste Wirklichkeit ist, ist das Spiel der Vasanas (unbewusste Ursachen) aus. Statt sich um Ursache und Wirkung, den Ursprung aller Neigungen zu sorgen, kann man einfach sagen, dass es weder Ursache noch Wirkung gibt.*

Weiterhin: Derjenige, der sich damit zufrieden gibt, eine Marionette zu sein, unterscheidet sich nicht von dem Rebellen, der um jeden Preis frei sein möchte. Beide sind dem Karma (Motivation zum Handeln) unterworfen. Was sie selbst denken, hat keinerlei Einfluss darauf. Doch wenn man sich mit einem Zustand identifizieren kann, in dem es keine Vasanas (unbewusste Ursachen) gibt, verschmelzen freier Wille und Determinismus. (Vorbestimmtheit). (aus: Deepak Chopra, Das Buch der Geheimnisse, S.269-270, Goldman, 2005)

Und nun? Determinismus, freier Wille, Evolution, Entwicklung, Entfaltung, Expansion?

Intelligenz ohne *Bewusst - Sein* wird sich verheerend und zerstörerisch auswirken, weil Uneffektives ausgemerzt wird, und was uneffektiv ist, ergibt sich aus der Eigenentwicklung der Maschine, denn sie ist ja bald nicht mehr von Menschen programmiert, sie entscheidet in naher Zukunft vollkommen eigenständig.

Ein Grund mehr *Bewusst – Sein* zu entwickeln, die Ganzheit mit dem *absoluten reinen Potenzial* zu leben, denn das würde dazu führen, die Eigenständigkeit von

Maschinen zu verhindern, und die Eigenständigkeit, die Freiheit des Menschen zu entwickeln, sodass *wir* mit dem Terminator Bossa Nova tanzen, wenn *wir* es möchten.

Alle Menschen sind frei und gleich an Würde und Rechten geboren. Sie sind mit Vernunft und Gewissen begabt und sollen einander im Geiste der Brüderlichkeit begegnen. (aus: Artikel 1 der Allgemeinen Erklärung der Menschenrechte, Empörung – Meine Bilanz, Stéphane Hessel, Droemer, 2015, S. 21)

23
Eine kleine Auswahl praktischen Vorgehens

Die praktische Anwendung des *Sui Generis Mentaltrainings* hat viele Varianten in unterschiedlichen Ansätzen und Schwierigkeitsgraden, sodass möglichst zahlreiche Menschen eine Eingangspforte zu dem Mentaltraining finden können, die zu ihnen und zu ihrer akuten Situation passt. Außer im persönlichen Privatbereich findet das *Sui Generis Mentaltraining* als Bestandteil des Thalheim – Models ()**NOW** entweder als Gesamtkonzept oder als Nutzung von Teilaspekten seine Anwendung im Sport, in der Wirtschaft, in der Gesundheitsvorsorge, bei Kunstschaffenden, an Universitäten und in vielen anderen Berufsbereichen, in denen entweder

Höchstleistungsanforderungen oder besondere Belastungen die Regel sind. Natürlich kann das Modell auch vorausschauend genutzt werden, um z.B. burn outs zu vermeiden, zu erwartende Auswirkungen einer posttraumatischen Belastungsstörung abzuschwächen oder zu verhindern, oder einfach nur um Stabilität und Ausgeglichenheit zu finden und zu festigen.

Um Ihnen jetzt einen kleinen Eindruck zu verschaffen, möchte ich einige Arbeitsmittel kurz vorstellen.

Reiki: Ziel des Reiki ist es, in Resonanz mit der Universellen Lebensenergie zu sein. Den Begriff Universelle Lebensenergie stelle ich bei meiner Arbeit mit dem Begriff des *absoluten reinen Potenzials* gleich.

Das Ziel wird entweder nach dem Durchlaufen der drei Grade durch übende Praxis erreicht, oder als Klient einer Reikianwendungsfolge.

Grundlage für die Nutzung des Reiki ist ein gelassener Geist, der weder einen *engen* noch *weiten Fokus* in den Vordergrund stellt, noch ausschließt. Ziele, Erwartungen, Befürchtungen, Wünsche werden losgelassen, also als strömende Gedanken-/Gefühlsform (ständig in Veränderung) erlebt, nebensächlich registriert, damit nicht weiter beachtet oder als bedeutungslos gewertet. Dies alles geschieht anstrengungsfrei, erwartungslos und natürlich. Befindet sich bei einer Anwendung der Klient in diesem geistigen Zustand und der Anwender in einem *leeren* Zustand, indem der Anwender gleichschwingt mit der nichtpolaren Schwingung der Universellen Lebensenergie, dann entsteht beim Klienten die Resonanz, die auch ihn gleichschwingen lässt mit der gegensatzfreien, einfach präsenten Universellen Lebensenergie (absoluten reinen Potenzial).

Reiki als Technik bedient sich des Handauflegens und der Symbolanwendung. Im Zusammenhang des *Sui Generis Mentaltrainings* habe ich die Anwendertechniken des Reiki um einige Bestandteile ergänzt, die sehr individuell zum Einsatz kommen, um so dem Klienten das Erreichen der Resonanz erleichtern zu können. Ein Körpereinsatz durch Haltung, Bewegung oder spezielle Atemtechnik kommt in der Regel bei einer reinen Reikianwendung nicht vor. Um diesen Bereich abzudecken, setzte ich Qi Gong, Tai Chi Chuan und andere Techniken ein.

Der geistige Zustand des Klienten beim Reiki entspricht in etwa dem Vorfeld der *Shamata Vipassana Meditation*, die ja ebenfalls im *Sui Generis Mentaltraining* zum Einsatz kommt. Entsteht beim *Reiki* wie beim *Shamata Vipassana* ein meditativer Augenblick, so ist das optimal. Der Reikianwender befindet sich grundsätzlich in einem meditativen Zustand, denn nur die *Leere* erschafft die Schwingung der Universellen Lebensenergie in ihm.

Die *Shamata Vipassana Meditation* zielt grundsätzlich auf die *Leere* ab. Wie schon an anderer Stelle erwähnt, ist dies der Moment des *Seins* im *absoluten reinen Potenzial*. Reines *Sein* ist ein hohes Ziel und ein wichtiger Bestandteil des *Sui Generis Mentaltrainings*.

Allerdings wird auch das Vorfeld dieser Meditationsform als wichtiger Aspekt des *Sui Generis Mentaltrainings* verstanden. Wird der Geist geöffnet und entspannt, sodass die Gedanken in diesen geöffneten (vorurteils- und urteilsfreien) Geistzustand einströmen, ihn durchfließen und sich dabei ständig neue Gedanken formen und wandeln, so kann die eingenommene freie Beobachterrolle aus dem Unterbewusstsein entlassenes Potenzial bewusst wahrnehmen lernen, wenn ein *weiter* und ein *enger* Fokus sich entspannt im natürlichen Wechsel mit dem Potenzial des Unterbewusstseins wahrnehmend beschäftigen. Ein nicht zu unterschätzendes Geschenk, das uns ermöglicht, musterhafte Gedanken-/Gefühlsformen zu erkennen, um dann unsere Wahlmöglichkeit zu gebrauchen, die Muster weiterhin so zu nutzen, oder sie zu wandeln.

Qi Gong und Tai Chi Chuan wurden ja schon an anderer Stelle als Arbeitsmittel, die mit Hilfe von Körpereinsatz das *Sui Generis Mentaltraining* beleben, vorgestellt. Wenn bei diesen uralten, besonders wertvollen Techniken der Urgehalt, der eigentliche Sinn nicht durch Unkenntnis, Ungeduld oder Oberflächlichkeit verloren geht, so sind diese ganzheitlichen Juwele ein Segen für die Menschheit.

Sui Generis Mentaltraining bietet Vorgehensweisen in jeder möglichen Form und Kombination an. In Ruhe, mit und ohne Berührung, mit statischen Haltungen und Bewegungen, die festgelegt oder spontan in ihren Abläufen sind. Es wird gesprochen oder geschwiegen. Die Aufmerksamkeit wird eng, weit, fließend oder gar nicht fokussiert.

Das Ziel ist immer *reines Sein* zu erleben, um zwischen ihm und dem eingrenzenden Dasein zu unterscheiden und wählen zu lernen. Reines Sein drückt sich spontan aus und bezieht sich auf gerade diesen Moment, das Jetzt, um in diesem Augenblick einen Bezug zu den Seins - Phänomenen aufzubauen, der durch eine enge, weite, fließende und keine Fokussierung dynamisch und *mit* sowie *frei von* engen Mustern (Vorurteilen durch Vergangenes) agiert und sich auf die Komponenten des Seins - Flusses beziehen kann, die sich ständig wandeln, ebenso wie der Bezug dazu.

Das Sein ist keine bloße lineare Informationsverarbeitung, sondern es ist die Präsenz auf vielen Ebenen (Stephen Hawking, Astrophysiker, stellt sich 100 hoch 500 alternative Welten vor. *Kölner Express*, 5.1.2012, S. 3) mit endlosen Möglichkeiten der Verarbeitung von Informationen zur Schaffung scheinbar prägnanter, tatsächlich aber sich ständig wandelnder Realität, oder dem puren Sein des Informationsangebotes ohne Ausprägung, Abgrenzung oder Dynamisierung. Damit ist das Sein gleichsam ein Nichts mit *absolutem reinem Potenzial*, erlebt vom Menschen als Präsenz in der Leere der Meditation oder im Fluss mit Ruhe und ewiger Wandlung.

24

Neutralisieren der Gesamtkonzeption

Die meisten Menschen reden hohles Zeug. Ihr Verstand ist leer, ihr Denken oberflächlich und ohne Tiefgang. Ihre Worte sind wie kleine Schatten, die kommen und gehen. Doch wenn du an einem dieser Gedanken festhälst, wird er dich an einen Ort bringen, von dem du nie wieder wegkannst. Du wirst verloren sein. (S.79, Black Elk, Autobiographie von William S. Lyon, O.W. Barth, 1998)

Aber selbst wenn wir glauben würden, dass Erleuchtung vielleicht möglich ist, würde schon ein Blick auf den Aufruhr aus Unsicherheit, Hass, Gier, Eifersucht, Missgunst, Grausamkeit, Lüsternheit und Angst unseres gewöhnlichen Geistes ausreichen, unsere vage Hoffnung auf Erleuchtung ein für allemal zunichte zu machen, es sei denn wir wissen um die Natur des Geistes und dass diese Natur ohne jeden Zweifel verwirklicht werden kann. (aus: Das tibetische Buch vom Leben und vom Sterben, S. 74, Sogyal Rinpoche, Otto Wilhelm Barth Verlag 1995)

Ich habe das *Suigeneris Mentaltraining* ab 1990 vorangetrieben, spezifiziert und systematisch erprobt, in der Hoffnung menschliches Bewusst - Sein auf natürliche Weise zu erschließen, das Wissen um die Natur des Geistes wieder herauszuschälen. Die holistische Sicht bietet das Fundament, in dem das *Suigeneris Mentaltraining* seine Wurzeln geschlagen hat.

Ich habe meine berufliche Arbeit als Lehrer für Tai Chi Chuan, Qi Gong und Meditation in Betrieben, Krankenhäusern, Bildungsinstituten, Universitäten und als Personalcoach als Rahmen zur Entwicklung des *Suigeneris Mentaltrainings* nutzen können. 25 Jahre *Feldforschung* und eine eigene lebendige Übungspraxis von derzeit 57 Jahren (2016) bilden meinen persönlichen Erfahrungshintergrund, für den ich außerordentlich dankbar bin.

Mentaltraining ist zwar ein nichtmaterielles Ansinnen (mental = geistig, nur gedacht, in der Vorstellung vorhanden), aber es findet niemals ohne einen Körper mit Gehirn, seine chemischen, elektromagnetischen und informativen Gesamtzusammenhänge, die gesamte menschliche und kosmische Informationsverarbeitung statt. Für das *Suigeneris Mentaltraining* ist der gesamte Körper mit seinem Denken/Fühlen eine zusammengehörige Wirkungseinheit.

Thema des *Suigeneris Mentaltrainings* ist nicht der Austausch von Negativem zu Positivem, vom Schlechten hin zum Besseren, sondern das zeitweilige Neutralisieren der Gesamt – Konzeption. In einem neutralen Moment, der ohne die Polarisation auskommt, können sich Kräfte entfalten, die größere Zusammenhänge beleuchten und weniger eingeschränkte Erfahrungen und Einsichten ermöglichen. Danach lebt die Polarität natürlich wieder auf, ist aber neu belebt und berücksichtigt den dynamischen Wandel, der sich nicht nur zwischen Begriffen wie positiv und negativ abspielt, sondern noch die Erfahrung der Leere – Neutralität integriert zu einer möglichen Neuorientierung.

Wer vom lebendigen Strom des inneren Lebens erfasst ist, weiß zugleich, dass inneres und äußeres Leben eine dynamische Einheit bilden, wie der äußere und der innere Mensch eine organische Einheit ist, deren Schwerpunkt nicht in der starren Hülle, sondern in der lebendigen Wesensmitte liegt. (aus: Das Thomas Evangelium, S. 22, K.O. Schmidt, Drei Eichen Verlag, 2005)

25
Schlusswort

Teil einer jahrtausend alten Theorie: Das Universum hat seinen Anfang im Bewusstsein genommen. Die feinstoffliche Materie erzeugt und leitet die grobstoffliche, aber alle Materie bildet ein Kontinuum. Je feinstofflicher die Materie ist, desto näher kommt sie dem, was wir als Bewusstsein bezeichnen. An ihrem feinstofflichsten und innersten Punkt können Materie und Bewusstsein nicht mehr unterschieden werden. (aus: Alles Leben ist eins von Renée Weber, S. 32, Crotona, 2012)

Es gibt wohl keine Universalformel, gültig gleichsam für jeden Menschen, um sich gesund, ausgeglichen, zufrieden und glücklich mit sich und mit seinem Leben zu fühlen. Aber ich bin davon überzeugt, dass viel zu erreichen ist, wenn man sich aufmacht um zu erforschen, wie man diesen Attributen eines guten Lebens nahe kommen kann. Jedenfalls bemerke ich bei mir selbst und bei meinen Klienten, dass z.B. mit den hier in meinem Buch beschriebenen Möglichkeiten sehr viel Bewegung seinen Ausdruck finden kann, sodass Mut, Kraft, Achtsamkeit, Mitgefühl, Gelassenheit, Würde, Respekt, Weisheit, Entspannung und Lebensfreude ihren Platz im Leben finden können.

Ich danke allen Menschen, die mein Buch gelesen haben für ihre Aufmerksamkeit und wünsche mir, dass jeder Leser zumindest *einen* anregenden, ansprechenden, hilfreichen Impuls in meinem Text für sich persönlich finden konnte.

Niemand ohne Wirkung, nichts ohne Wirkung besagt ja im weitesten Sinne, dass ein JEDES einfach ALLES berührt, bewegt und wandelt, in einem ständigen sich gegenseitig beeindruckenden wechselwirksamen Bezug zueinander. Dies alles spielt sich für mich im Sammelbecken des *absoluten reinen Potenzials* ab, indem jeder seine Informationen tauscht, oder indem alle Seelen miteinander kommunizieren, wenn man so möchte.

Die Umsetzung der Formel *niemand ohne Wirkung, nichts ohne Wirkung* im Lebensalltag wünsche ich mir für unsere Weltgemeinschaft nach den ethischen Werten, wie sie der Dalai Lama formuliert (S.94). Jeder beginne jetzt bei sich selbst, dies zu verwirklichen. Es gibt unzählige Möglichkeiten, in jedem Augenblick.

Da ich für mein Leben auf Erden sehr dankbar bin, auch einigen Menschen, die mir in besonders schwierigen Momenten dabei halfen, mein Leben zu erhalten, versuche ich diese Dankbarkeit so auszudrücken, dass ich mich neben meiner Arbeit zusätzlich in der Initiative *Wave of Roses* aktiv engagiere. *Der Schwerpunkt der Initiative Wave of Roses ist die Unterstützung erwachsener Menschen, die im Kindes- und Jugendalter Opfer von sexuellem Missbrauch wurden.*

Häufig haben Menschen mit diesem Erlebnishintergrund keinerlei effektive, professionelle Hilfe erhalten und sind nicht nur direkt nach den Missbrauchstaten allein gelassen worden, sondern bleiben auch als Erwachsene oft mit dem Thema unverstanden und auf sich allein gestellt.

Das Kölner Autorenteam Yuscha Thyra/Manu el Turiya hat zu der Thematik das autobiographisch geprägte Buch-Duo *Wave of Roses* von Yuscha Thyra, ISBN 9783735717399 und *Elias* von Manu el Turiya ISBN 9783735717382 veröffentlicht. www.facebook.com/initiativewaveofroses

26
Zur Person

Klaus Thalheim, geboren am 5.5.1955 auf der wunderschönen Insel Föhr. Vater. Musiker. Bildkünstler. Autor. Erzieher. Ladenbesitzer. Inhaber einer Schule und Lehrer für Tai Chi Chuan, Meditation, Qi Gong, Reiki, Mentaltraining. Gesundheitsmanagement in Betrieben. Holistisches Persönlichkeits- und Bewusstseinscoaching. Geschäftsführer der *Initiative Wave of Roses.*

Sitz- und Bewegungsmeditation, als *Folgebehandlung* nach einem Unfall mit Nahtoderfahrung 1959, gehören seit dem zu meinem Leben und führten mich früh zu meiner Berufung, die sich u.a. mit dem Bewusstsein des Menschen und dessen Auswirkung auf die eigene

Persönlichkeit sowie auf die Weltgemeinschaft beschäftigt. Ich bin ein Pragmatiker, der seine Erfahrungen anwendet und mit Interessierten teilt und austauscht. Meine teilweise taoistisch geprägte Denkweise lässt mich kein Daseinsphänomen ignorieren oder ausschließen.

Info/Kontakt: www.thalheim-koeln.de oder www.facebook.com/initiativewaveofroses
kthalheim@web.de

Wir sollten uns klarmachen, dass wir nie allein handeln, ob im Guten oder im Schlechten, sondern mit anderen, für andere. Wenn uns die Sorge um das Wohlergehen aller verbindet, können wir gemeinsam vielleicht mehr bewirken. (aus: Wir erklären den Frieden! von Stéphane Hessel/Dalai Lama, Ullstein, S.18, 2012)

27
Glossar

absolutes reines Potenzial: Präsenz ohne/mit Intention, Nichts/Alles, jegliche Information, Möglichkeit, Wahrscheinlichkeit, Materie, Existenz, Vorstellung, Gedanke, Gefühl – einfach alles enthaltender – raumzeitloser, nichtdualer (nicht) Zustand oder (nicht) Bereich – mit und aus dem alles in Wechselwirkung entstehen kann, der alles durchzieht und mit allem versorgt, wenn ein Bezug durch die unterschiedlichen Bezugnahmemöglichkeiten hergestellt wird und sich dynamisiert.

Bewusst – Sein: diese Schreibweise soll sich abgrenzen von der üblichen Form (Bewusstsein), um zu verdeutlichen, dass eine Erweiterung gemeint ist. *Bewusstsein – Sein* soll ein ganzheitliches, alles umfassendes Erleben, Leben, Dasein und Sein kennzeichnen. Unter diesem Begriff möchte ich die klassischen Definitionen: Bewusstsein, Unterbewusstsein, kollektives Unbewusstes, Psyche, Geist und Seele als Arbeitstitel deklarieren und in dem Begriff des *absoluten reinen Potenzials* aufgehen lassen, um unser menschliches Potenzial als Person, als Spezies, als Erdenbürger und als kosmisches Wesen deutlicher hervorzuheben, zu erfahren und entsprechend im Miteinander auszudrücken. Verstehen wir uns als Bestandteil des *absoluten reinen Potenzials*, und sehen die vielen Begrifflichkeiten wie Seele, Geist, Bewusstsein etc. als Arbeitstitel, dann gewinnen wir eventuell ein intensiveres Ganzheitserleben, weil wir die zwanghafte Bindung an die begrenzten begrifflichen Inhalte eventuell relativieren können.

Dynamisieren: unbewusster und/oder bewusster Prozess, Impulsgeber und Impulsnehmer, die immer beides gleichzeitig sind, entfachen eine endlose Ereigniskette der Polarität, die auf einem Zeitstrahl für z.B. den Menschen angeordnet scheint, aber nur durch artspezifische Bezugnahme aktiviert wird, ansonsten in ihrer Komplexität das *absolute reine Potenzial*, indem alles schon vorhanden ist, bleibt.

Fokus: *Enger Fokus:* die Aufmerksamkeit und das Denken ordnen sich linear, um kleine Ausschnitte eines Gesamtkomplexes punktuell, detailliert wahrzunehmen, sie zu beschreiben und damit eventuell zu interagieren. Ein Echtzeiterlebnis und/oder eine Erfahrung lösen das Verhalten aus, die Aufmerksamkeitsbindung ist aber nicht ausschließlich an die Echtzeitdynamik gebunden.
Weiter Fokus: Aufmerksamkeit und Denken erfassen die komplexen Zusammenhänge eines Echtzeiterlebnisses in seiner nicht zwangsläufig linearen Ausdehnung und in seinem Wandel. Erfahrungen sind integriert.
Eine Kombinationsanwendung dieser beiden Fokussierungen ist durchaus natürlich, sie kann spontan und blitzschnell aber auch planmäßig und in variablen Geschwindigkeiten praktiziert werden. Häufig bezeichne ich diese Praxis als *fließenden Fokus* und beziehe ebenfalls die dritte Hauptfokussierung mit ein, *die Leere*. Das Interessante beim Miteinbeziehen *der Leere* in den *fließenden Fokus* ist, dass sich die Gewohnheitsmuster

bewusster und unbewusster Erfahrungen abrupt auflösen lassen und neue Verhaltensvarianten direkt entstehen können. (andere Beurteilungen, Erwartungen, Befürchtungen, weniger Anspannung, mehr Gelassenheit, Achtsamkeit und tiefe Aufmerksamkeit etc.)

Nicht ausgerichteter Fokus, Leere: die Leere der nicht ausgerichteten Fokussierung begünstigt das pure Sein im ewigen Wandlungsprozess, in dem als solchem keine Fixierungen eng oder weit markiert werden, sondern sich die komplexe Ganzheit durch Präsenz und Potenzialität auszeichnen kann. In einem solchen Zustand löst sich alles auf, nichts ist da, deshalb heißt der Zustand *die Leere*. Wird die Leere wieder zur Fülle, können sich Neuordnungen bilden, die Varianten gewohnter Muster zulassen, und damit wahre Entscheidung ermöglichen. (Solve et coagula)

Den Seinszustand, alle Hauptfokussierungen bewusst gewählt und kontinuierlich im Wechsel einzusetzen (enger, weiter, leerer, fließender Fokus), und dabei jeweils unterschiedliche Prozentanteile der Hauptfokussierungen zu nutzen, ordne ich meiner weiter oben ausgeführten Begrifflichkeit des *Bewusst – Seins* zu.

Mental: 1 geistiges Training; 2 nur gedacht, unausgesprochen, bewusst zurückgehalten; mental lateinisch – mentalis: geistig, in der Vorstellung vorhanden; lat. –

mens: Geist, Verstand, Vorstellung; Mentalität: seelisch – geistige Einstellung; (Wahrig Fremdwörterlexikon von Bertelsmann von 1999 S. 584)

Im *Sui Generis Mentaltraining* sehe ich die Aspekte – *bei sich sein, beim Tun sein, beim Gesamtzusammenhang sein* – dabei mit seiner Aufmerksamkeit im *engen, weiten, fließenden* und *leeren Fokus* dynamisch wechselnd im Schwerpunktbezug ausgerichtet sein, der sich Situationsbedingt entwickelt und sich dabei der Erfahrungen, der Vorausschau, sowie der augenblicklichen Neusituation vorurteilsfrei, aufmerksam und aufnehmend bedient, und somit zu einer Entscheidung und Handlung beiträgt, die zahlreichen Bezügen mit deutlich weniger unbewussten Grundlagemustern folgt, und mehr als vielleicht gewohnt, die Einzigartigkeit jeden Momentes wach und klar erlebt und integriert.

Solve et coagula: Löse und verbinde. Die alchimistische Schlüsselformel beschreibt den Prozess des Analysierens, Trennens oder Auflösens einer Eigenschaft und das anschließende Zusammenfügen zu einem besseren Ergebnis. (Wikipedia 2015)

Sui generis: von seiner eigenen Art. Von besonderer Klasse. (S.42, Gerald Drews, Latein für Angeber, Weltbild 2007)

Alles was in der Sichtbarkeit geschieht, ist die Auswirkung eines Bildes, einer Idee im Unsichtbaren. (aus: Richard Wilhelm, I Ging, S.16, Diederichs, 1970)

28
Anhang A
Fragen bei Seminaren, Kursen, Vorträgen

Frage: Unterstützt Ihre Idee des *absoluten reinen Potenzials* den Glauben an die Wiedergeburt?
Antwort Th.: Wir brauchen nicht wiedergeboren zu werden, denn wir sind immer dabei. Der Informations-/Energiegehalt eines Menschen existiert nach dem Körpertod weiter im *absoluten reinen Potenzial*, dort spielte sich ja schon immer alles ab, zu Körperlebzeiten des Menschen, ebenso davor und danach auch. Die Existenz in einem lebenden Körper richtet den Informations-/Energiegehalt des *absoluten reinen Potenzials* nur anders aus, als dies in der Körperlosigkeit geschieht. Diese körperlichen Ausrichtungen sind überwiegend bestimmt durch die Instinkte, die Intentionen, das Bewusstsein, die Intuition, die dann Wahrnehmungen, Deutungen und Verhaltensweisen kreieren, die lebende Arten von Wesen ausmachen. Wird der Körper durch den Tod verlassen, so wird es keine Wiedergeburt die-

ser *besonderen* Mischung z.B. Ihres persönlichen Informations-/Energiegehaltes mehr geben, sondern immer eine neue, einzigartige Kombination bei den Neugeburten, die Anteile von Ihren, wie von allen anderen Informationsenergieangeboten enthalten werden. Wir leben alle ewig, wenn man so will, denn der persönliche Informations-/Energiegehalt ist ja eine einzigartige Kombination des Angebotes vom *absoluten reinen Potenzial*, welches ja alle Daseinsphänomene mit Informations-/Energiegehalt versorgt. Also waren wir schon immer da und bleiben auch da, so lange es das *absolute reine Potenzial* gibt. Die persönliche Mischung hat sich nach dem Tod nur wieder in der Ganzheit aufgelöst, aus der sie entstanden ist. Teile Ihres Informations-/Energiegehaltes stecken also in jedem Daseinsphänomen, sowie Sie auch zu Ihren Lebzeiten in Verbindung mit allen anderen Teilen, also der Ganzheit, in Verbindung stehen, auch wenn Ihr derzeitiges persönliches Erleben dies wahrscheinlich nicht klar und bewusst erfasst (allerdings könnten Sie auch zu Lebzeiten die Ganzheit klar erfassen, wenn Sie es für möglich halten, eben daran glauben und es sich vorstellen können). Diese Ganzheit ist so zu sagen im Hintergrund stabil und Sie leben aus ihr heraus in sie hinein. Jeder Wandel entsteht mit und durch die Ganzheit in diese Ganzheit hinein.

Frage: Das ist ein Glaube?

Antwort Th.: Alles, was wir uns bewusst machen, ist ein Glaube. Was wir formulieren, spezifizieren, eingrenzen – alles Glaube. Es geht im Glauben nicht nur um religiöse Thematiken wie, Gott ist nicht nachweisbar, also glaube ich an ihn oder nicht. So genanntes objektives, wissenschaftliches Denken ist reiner Glaube der Realitäten schafft, die immer auch ganz anders sein könnten.

Frage: Damit wirst du dir aber Feinde in vielen Lagern schaffen.

Antwort Th.: Vielleicht schon, aber eigentlich nimmt diese Sicht einem die geistige Verkrampfung ab. Einmal innerlich loszulassen tut auch *objektiv* ausgerichteten Menschen gut, denn es führt zur Erfahrung des Wunders, des Unerklärlichen, des Unaussprechbaren, des einfachen Erlebens und des Seins, des Schwimmens im *absoluten reinen Potenzial.* Antworten zu suchen macht Spaß, ist kreativ und führt auch zu Wundern, nämlich zu denen, die wir heute kennen und nutzen. Also ist auch die wissenschaftliche Begrenzungsdenkweise interessant, aber sie ist überbewertet und missverstanden. Sie ist bei weitem nicht alles, allerdings gibt es Hoffnung, denn Mystik und Quantenphysik sehen ja beide eine verborgene Ganzheit, und wie immer diese verborgene Ganzheit bezeichnet wird, sie sollte nicht Mord, Folter, Missbrauch, Unterdrückung, Raub, Lüge und all die Gräueltaten, die Menschen vollbringen rechtfertigen, denn für diese Schrecklichkeiten ist ausschließlich der fühlende, denkende, entscheidende und handelnde Mensch verantwortlich, sodass er sich niemals auf Gott oder wen auch immer berufen darf. Ich mache ja auch nicht meine Eltern für meine Taten verantwortlich, obwohl ich durch sie diese Welt betreten habe und sie mir einen Teil der Werte vermittelt haben. Es ist meine eigene Verantwortung Information und Energie zu handhaben.

Frage: Du meditierst schon sehr lange, bist du erleuchtet?
Antwort Th.: Wir alle bestehen aus Licht, aus Energie/Information, also sind wir erleuchtet. Grundsätzlich. Ich bin was ich bin, das reicht mir. Ich frage nicht nach Erleuchtung. Wozu, das macht keinen Sinn. Ich erlebe, ich spüre, ich bin. Erleuchtung hätte auch nichts mit langem Üben von Meditationen zu tun, denn wenn ein Mensch das Einssein, die Ganzheit erlebt und sich diese Erfahrung in seinem alltäglichen Dasein ausdrückt, dann ist das unspektakulär und selbstverständlich. Die Absicht hinter allen Taten/Unterlassungen ist ausschlaggebend, denn sie hat weitreichende Folgen.

Frage: Warum wird dann so viel Aufhebens um das Thema Erleuchtung gemacht?
Antwort Th.: Keine Ahnung. Vielleicht soll sie der Allgemeinheit verwehrt bleiben und nur einigen wenigen besonderen, auserwählten Menschen oder Eliten zugänglich sein. Vielleicht wird deshalb oft behauptet, dass man ein Leben lang meditieren und streng mit sich sein muss. Diesen Aufwand will doch kaum jemand auf sich nehmen. Vielleicht braucht man Erleuchtete, um zu ihnen aufschauen zu können, sich von ihnen leiten und führen lassen zu können. Wer von uns will schon wirklich Verantwortung tragen? Lassen wir lieber die Meister, die Erleuchteten, die spirituellen Führer, die von Gott Bevollmächtigten die Verantwortung übernehmen. Sie verzeihen es uns dann, wenn wir Unwissenden die Sau rauslassen, solange nur die Kasse stimmt.

Frage: Aber du hast über ein Samadhierlebnis in deiner Jugend erzählt, führte das nicht zur Erleuchtung?
Antwort Th.: Ja, das gab es damals. Ich saß mit 12 Jahren von 7 Uhr morgens bis 18 Uhr spätnachmittags zum ersten Mal in meinem bewussten Leben in einer Versenkung, die mich völlig verschmelzen ließ mit allem. Dieses Erlebnis war unbeschreiblich und ich hatte nichts weiter im Sinn, als es am nächsten Tag wieder so zu erfahren, oder besser gesagt, dieses Erleben ab-

zurufen, wann immer ich es möchte. Ich brauchte einige Zeit, um zu verstehen, dass ich für solch ein Geschenk nur innerlich ruhig, erwartungslos und offen zu sein brauchte, und dann stellte es sich ganz von allein ein. Es wurde bald normal und selbstverständlich und gehörte ohne besondere Bezeichnung zum Alltag. Das Wort Erleuchtung begegnete mir erstmals 1967 in dem Buch von Lama Anagirika Govinda, *Grundlagen tibetischer Mystik*, ab dann las ich es häufiger. Das Wort gefiel mir damals nicht. Es gefiel mir auch nicht, dass sie so schwer zu erreichen sein sollte. All das, was getan und unterlassen werden musste, würde ich sicherlich niemals so umsetzen können. Erleuchtung ist nicht so leicht erreichbar, man muss ein besonderes Leben führen und ein besonderer Mensch werden, dachte ich in der Zeit. Das stimmt aber nicht, weil alle Menschen schon erleuchtet sind, wenn sie es nur zulassen und wahrnehmen. Vielleicht haben viele von uns Angst davor, Erleuchtung bewusst zu erleben, weil dieses Erlebnis zu klaren Handlungen führt, die sich an der Ganzheit orientieren. Das bedeutet Verantwortung zu übernehmen und Liebe auszudrücken. Viele Menschen denken allerdings, dass sie sich mehr in den Vordergrund rücken müssen, um wertvoll und einzigartig zu erscheinen. Sie erkennen nicht, dass sie es schon sind. Wir brauchen unseren Wert und unsere Lebensberechtigung nicht unter Beweis zu stellen, wir sollten unsere Fähigkeiten gebrauchen, das Wunder des Seins zu genießen und zu fördern in allen seinen Varianten. Würden wir unseren Fokus darauf richten, so hätten alle Menschen Nahrung, Wasser, Wohnung, Bildung, soziale Bindung und alles Notwendige und Schöne. Wir würden keine Lebewesen töten oder unsere Umwelt zerstören. Kriege entstehen nur aus Angst und Gier. Aus Erleuchtung heraus zu leben ist das Entscheidende, nicht einfach Erleuchtung erreichen zu wollen, um sich zu feiern oder feiern zu lassen.

Frage: Ist das nicht sehr utopisch?
Antwort Th.: Gar nicht, es ist selbstverständlicher als unser derzeitiges menschliches Verhalten, das wir aus Gewohnheit, Unwissen, Trägheit und Angst heraus durchziehen. Unsere Erinnerungen, unser Bewusstsein, unsere Gefühle sind sehr beeinflussbar. Wäre die Angst, die ein entscheidender Motor ist (Angst zu sterben, Mangel zu erleiden, gedemütigt zu werden, sozial ausgegrenzt zu werden etc.), anders gewichtet, anders gewertet, dann würde die Verantwortung, die das Ganzheitsempfinden mit sich bringt, selbstverständlicher sein, und sie würde nicht so sehr unseren destruktiven, angstmotivierten Aktionen unterliegen, sondern sie würde mehr die konstruktiven,

aufbauenden, gemeinschaftsfördernden Aktionen unterstützen.

Frage: Was war die größte Problematik oder Schwierigkeit auf deinem Weg?
Antwort Th.: Das war wohl die Verarbeitung der Auswirkungen des Nahtoderlebens im Alter von 4 Jahren.
Frage: Kannst du dazu etwas mehr sagen?
Antwort Th.: Ich kann schon, aber ich glaube, dass diese Thematik bei weitem unseren Rahmen hier sprengen würde. Nur so weit vielleicht: Es heißt, dass Kinder über 100.000 Milliarden Synapsen verfügen, die sich durch das Lernen ändern. Steht ein vier jähriges Kind nun vor dem Tod durch Ertrinken, dürfte also ein gewaltiges Feuerwerk des Nervensystems unüberschaubare Auswirkungen auf die Entwicklung dieses jungen Menschen nehmen, und 1959 waren auf einer kleinen Nordfriesischen Insel nicht gerade viele Fachleute unterwegs, um adäquate Hilfe zu leisten und Unterstützung zu bieten. Für ein vierjähriges Kind ist alles, was es erlebt, erstmal normal, allerdings nicht für das Erwachsenenumfeld, das dann die Verhaltensweisen dieses Kindes, das dem Tod von der Sense gesprungen ist, aus einer Sicht bewertet, die nichts mehr mit dem Erleben eines Kindes mit solch einem Erfahrungshintergrund zu tun haben kann. Die Folge ist dann, dass das Erleben

und die Nachwirkungen, die das Kind prägen, von einer ahnungslosen Erwachsenenwelt nicht mehr nachvollzogen werden können. Es entstehen also große Schluchten zwischen Wahrnehmungen und Interpretationen beider Beteiligten. Nun gab es damals (1959) eine eindeutige Beziehung zwischen dem Erwachsenen und dem Kind die besagte, dass der Erwachsene weiß, wie der Haase läuft, und das Kind dies von ihm zu lernen hat. Die Folge war dann, dass die Erlebnisschilderungen des Kindes im günstigsten Falle nicht beachtet wurden, im ungünstigsten Falle wurden sie ihm brutal ausgetrieben. Ich habe damals jede Variante erlebt. Es war sehr schwer, so heranzuwachsen.

Frage: Hat dieses Erlebnis sich auf Ihr Leben ausgewirkt, oder trat es in den Hintergrund?
Antwort Th.: Es hat sich sehr prägend ausgewirkt. Ich würde sicherlich sonst nicht meinen jetzigen Job als Lehrer für Meditation usw. machen. Durch dieses Erlebnis stellte sich der Kern des Daseins wohl anders dar, denke ich mir heute. Das Problem war allerdings, dass ich mir selbst und meinen Erfahrungen als heranwachsendes Kind zwischen 4 bis 12 Jahren anfangs nicht traute, schließlich stellte sich mein Umfeld nicht gerade bestätigend dar. Ich wurde natürlich nicht ernst genommen.

Frage: Werden Sie heute ernst genommen?
Antwort Th.: Nein, leider selten. Es hat sich nicht sehr viel geändert im Bewusstsein des Menschen. Menschen, die Nahtoderlebnisse schildern, gelten als Exoten, obwohl es Millionen von ihnen gibt. Man erfährt allerdings nicht viel über ihre Schicksale. Entweder staunt man über deren Geschichten, oder man belächelt sie bedauernd, meistens werden sie nicht beachtet und als Spinner abgetan. Glücklicherweise beginnen einige Menschen sich dem Thema intensiver und hoffentlich auch ernsthaft zu widmen.

Frage: Hat sich nicht gerade in den letzten Jahren viel verändert? Sind die Leute nicht bewusster, wacher und klarer geworden?
Antwort Th.: Gegenfrage. Was sollte dazu geführt haben?
Anwort: Na ja, die Beschäftigung mit Spiritualität, das Angebot von Seminaren etc., die Weisheiten vieler Kulturen, die heute zugänglicher sind. Das gigantische Informationsangebot.
Antwort Th.: O.K., das könnte man durchaus annehmen, schließlich lernen wir ja als Spezies ununterbrochen, und es gibt zahlreiche Menschen, die eine Art Quantensprung in der Bewusstseinsentwicklung der Menschheit prognostizieren. Etwas erschwerend wirkt

allerdings die ungeheure Quantität auf dem Esoterik-, Psycho- und Spiritualitätsmarkt, die dem Suchenden, der oftmals unter einem gewissen Leidensdruck steht, nicht immer dienlich ist, weil, wie auf allen Märkten, nach der Qualität intensiv und aufwendig gesucht werden muss. Je größer der Markt ist, umso schwieriger wird es, Qualität unter den endlosen Angeboten, mit ihrem unglaublich aufgewirbelten Staub, zu finden. Es gibt zahlreiche Informationsmüllmessies die leider unter dem ungeheuren Müllhaufen das viele Gute nicht mehr finden können.

Frage: Habe ich aus Ihrer Aussage zu schließen, dass Ihnen die Esoterikwelle nicht gefällt?
Antwort Th.: So würde ich das nicht sagen. Mir gefällt häufig die Intention hinter den Angeboten nicht. Diese kann oft sehr egoistisch ausgerichtet sein. Auf der anderen Seite sind sicherlich noch nie so zahlreiche Wege für so viele Menschen zugänglich gewesen, um tiefe, wirkliche und wichtige Erkenntnisse erfahren zu können. Das Monopol einiger institutionalisierten Glaubenskonstrukte beginnt zu wackeln, weil einige dieser Lehren einfach nicht in sich stimmig sind und nur der Machtausübung und Kontrolle dienen.

Frage: Wenn man sich Ihre Gesamtarbeit so anschaut, dann stellt sich für mich eine Frage: Sind Sie ein Heiler?

Antwort Th.: Nein. Ich finde, dass wir den Begriff des Heilers und des Heilens oft ein wenig schief betrachten. Es gibt viele erstklassige Möglichkeiten von Ärzten, Schamanen, Physiotherapeuten, Psychiatern, Magiern und noch vielen anderen Menschen, ein spezielles Umfeld oder bestimmte Bedingungen zu schaffen, um dabei zu helfen, dass ein aus dem Gleichgewicht geratener Mensch seine Selbstheilungskräfte aufbauen, lenken, mehren und stabilisieren kann. Direkt heilen kann kein Mensch einen anderen Menschen, wie ich glaube. Unser gängiger Begriff Heilpraktiker ist ein schönes Beispiel dafür, wie uns die Vorstellung des Heilwerdens dahin entglitten ist, dass wir in dem Glauben sind, ein Praktiker des Heilens, ein Arzt, ein Heiler, oder wer auch immer, würde direkt heilen. So funktioniert das nicht. Es heilt kein Mensch einen anderen Menschen direkt, keine Heilpflanze heilt, kein Heilgebet heilt allein. Unendlich viele Möglichkeiten können durch Impulse die Selbstheilungskraft eines Menschen anregen, und das sollte auch so sein, aber ich habe oft erlebt, dass alle Möglichkeiten versagen können, wenn keine Hoffnung, kein Lebenswille oder Vergleichbares vorhanden sind. Ein Lächeln, eine Berührung, ein Gespräch, ein

Lied, ein Bild, einfache Liebe, all das kann dazu beitragen, Selbstheilungskräfte zu mobilisieren, und das ist unglaublich gut, weil es natürlich, einfach und direkt ist. Selbstverständlich sollten wir alle unsere medizinischen Kenntnisse und Fähigkeiten deshalb nicht abwerten, aber sie allein können niemanden heilen, allerdings können sie sehr viel leisten, sodass die Selbstheilungskräfte schon ein gutes Fundament bekommen, auf und mit dem sie agieren können. Jeder von uns trägt Verantwortung für sich und alles andere. Geben wir Verantwortung an einen Arzt ab, dann haben wir hoffentlich wirkliches Vertrauen, sodass die Kombination von Arztkönnen und Vertrauen in sein Können unsere Selbstheilungskraft mobilisieren hilft. Ich z.B. bin nur ein Lehrer für verschiedene ganzheitliche Ansätze, die ihren besonderen Wert für die Selbstheilungskräfte haben, wie ich meine, aber ein Heiler bin ich natürlich nicht, obwohl ich die Idee eines Heilers sehr attraktiv finde. Man stelle es sich mal vor, ich hätte eine Technik oder Fähigkeit und zackbum, der kranke Mensch ist gesund. Wunderbar wäre das, und manchmal kommt so etwas ja vor, dann hat die Technik oder die Fähigkeit eine Ereigniskette ausgelöst, die ein Wunder bewirkte. Keiner hat eine Ahnung, wie dies geschah, deshalb heißt es Wunderheilung, aber gut, Hauptsache geheilt.

Frage: Bitte, was hat das mit dem Fokus auf sich?

Antwort Th.: Der Fokus entscheidet über unseren Wahrnehmungsbereich und damit über Teilheiten oder Ganzheit, über Realitäten, Zusammenhänge, Informationen, Kräfte. Stehen Ihnen im Abstand von fünf Metern zwanzig Männer gegenüber und einer davon ist Johnny Depp, dann wird der *Fokus* von Ihnen plötzlich sehr *eng* werden, sodass Sie nur noch einen einzigen Menschen wahrnehmen. Die anderen neunzehn Personen entziehen sich plötzlich vollkommen Ihrer Aufmerksamkeit. Ihre Realität besteht aus Johnny Depp. Informationen, Zusammenhänge, Kräfte, alles hängt mit Johnny zusammen. Ach, Johnny. Ein ansehnlicher Bursche zwar, trotzdem traurig, denn fünf Meter vor Ihnen stehen zwanzig Männer. Alles knackige Kerle. Das ist auch eine Realität. Til Schweiger, Mathias Schweighöfer, Clooney's George, Götz George, Ihr eigener Mann und Ihr Postbote sind dabei. Wenn Sie den *Fokus weiten*, dann wird Ihre Aufmerksamkeit ein größeres Feld wahrnehmen und diese andere Realität entdecken. Es sind zwanzig Männer da. Ach du Scheiße! Der Gesamtzusammenhang verändert sich dramatisch, denn Ihr Mann bemerkte durchaus Ihre enge Fokussierung, die sich nicht auf ihn bezog. Der *fließende Fokus* nimmt einen noch größeren Zusammenhang wahr und bemerkt, dass in der Gegend hunderte von Männern herumlaurumlaufen. Ständig kommt ein neuer Mann ins Blickfeld, und: es gibt da noch Frauen, Kinder, Tiere, Pflanzen, Gebäude, Autos, Flugzeuge. Ständig wandelt sich alles um Sie herum. Die Welt ist bunt. Der enge und der weite Fokus sind in den fließenden Fokus eingebettet. Alles beeindruckt Ihre Aufmerksamkeit und richtet sie mal so mal anders aus. Gedanken, Gefühle, Vergangenheit, Zukunft, Gegenwart, alles ist überall. Es wird ein wenig viel für Sie, besonders, weil Ihr zwischenzeitlich eingeschobener enger Fokus Ihren Mann kurz beleuchtete. Ihr *Fokus* wird *nicht* mehr *gerichtet*. Sie lassen eine *Lücke* im Denken und Fühlen zu. Alles ist weg. Nichts ist von Bedeutung. Endlich, Ruhe kehrt ein. Entspannung, innerer Frieden. Die Kraft kommt zurück. Wo ist Johnny Depp?

Frage: Wir alle haben ja Wünsche, die wir nun seit längerem ins Universum schicken. Wie siehst du das?
Antwort Th.: *Wünsche – vergesse – lebe* (aufmerksam, einfühlsam, mitfühlend und zentriert). Normal eben.
Frage: Das wärs?
Antwort Th.: Ja, das ist der Kern. Es gibt sehr viel drumherum zu sagen, deshalb gibt es ja so viele Bücher und Vorträge zu dem Thema. Meine Vorstellung ist einfach. Wenn du vollständig involviert bist bei der Wunschformulierung, sodass er deine gesamte Energie

enthält, dann solltest du diesen Wunsch auch vollkommen vergessen. Wünsche sollten Impulse sein, Informations- und Energieimpulse. Deine ewige Erwartung, wann sich der Wunsch denn nun endlich erfüllen mag, fokussiert dich sehr eng, sodass du nicht mehr in der Lage bist, Varianten der Fokussierung zu nutzen, um so die Zusammenhänge zu überblicken. Du übersiehst womöglich die Anzeichen, die Vorboten, die die Wunscherfüllung ankündigen. Du bist nicht in der Lage, fließend und ungezwungen *mitzuschwimmen* mit den Wandlungsphasen des Seins hin zur Erfüllung deines Wunsches. Wunscherfüllung ist ja Wandlung, und Wandlung ist ein ständiger Prozess. Ein enger Fokus sieht nur das gewünschte Endergebnis oder die Befürchtung, dass der Wunsch sich nicht erfüllen könnte. Er übersieht aber den Prozess der Entwicklung dahin. Damit ist deine Ausrichtung, deine enge Erwartungshaltung (Fokussierung), nicht in der Lage, sich dem Wandlungsprozess anzuschließen. Du schwimmst nicht mit. Du lebst nicht. Dir fehlt der Blick für alle Zusammenhänge, die dir das Wunscherfüllungspotenzial auf vielen Wegen, Ebenen und Varianten ständig anbietet, durch Entwicklungsprozesse.

Frage: Was treibt Sie an, sich ein ganzes Leben lang mit der Problematik des Bewusstseins zu beschäftigen?

Antwort Th.: Die Notwendigkeit und die Unzufriedenheit. Unser Bewusstsein kann sehr viel mehr leisten, als derzeit für normal gehalten wird. Wir sind als Spezies zwar in gewisser Hinsicht weit gekommen, wir haben aber rücksichtslos, kurzsichtig und zusammenhanglos gehandelt. Dabei waren und sind wir auch noch arrogant, selbstverliebt, überheblich, uneinsichtig und verständnislos. Der aktiv genutzte Anteil unseres universalen Bewusstseins ist so verschwindend gering, dass es höchste Eisenbahn ist, das mal zu ändern, oder wollen wir weiterhin, wie in dem Film die Zeitmaschine, von den Morloks gefressen werden. Jeden Tag sehen wir die Auswirkungen von immer größer werdender Abstumpfung durch Gewöhnung, Überforderung, Angst und Unwissen. Eine pathologische Tendenz, durch die wir uns die Selbstbestimmung nehmen. Bewusstsein schafft Erleben, damit Erkenntnis und Verständnis. Es ist doch offensichtlich, dass wir alle in einem Boot sitzen und gegenseitige Achtung und Unterstützung, nicht Kontrolle, Manipulation und Unterdrückung ein menschenwürdiges Dasein ausmachen. Unser eigenes Bewusstsein, sowie unser kollektives Bewusstsein bieten unsere einzige Chance des Menschseins. Sollten wir noch mehr davon verlieren, dann ist Schluss mit lustig.

Frage: Würdest du dein Leben noch einmal so leben?

Antwort Th.: Bitte nimm es mir nicht übel, aber die Frage finde ich völlig bescheuert. Das ist so eine typische Talkshowfrage. Natürlich würde ich ein anderes Leben führen. Wir handeln ständig impulsiv, spontan, unüberlegt, aus dem Bauch heraus. Das Unterbewusstsein entscheidet und initiiert Handlungen. Auf der anderen Seite machen wir Pläne und haben Vorstellungen, wir berechnen und schätzen ab, formulieren Wünsche und Ziele. Es existieren also bewusste Gedankenaktivitäten, die ebenfalls ihren Anteil an den Handlungen haben. Wie hoch dieser Anteil ist und zu welchem Zeitpunkt er, wenn überhaupt, in eine akute Handlung eingebunden ist, stellt einen Diskussionspunkt der Gelehrten dar. (siehe: Der Spiegel, Nr.15 / 9.4.2016; Artikel von Hilmar Schmundt, S.94, Der freie Un-Wille: Der Berliner Neurowissenschaftler Dylan Haynes ließ Probanden im Magnetresonanztomografen (MRT) liegend spontan entscheiden, ob sie mit dem linken oder dem rechten Finger auf einen Knopf drücken. *Bis zu sieben Sekunden bevor sie ihre Entscheidung trafen, konnte Haynes bereits anhand der Durchblutungsmuster im MRT vorhersagen, welchen Knopf sie drücken würden. Lange bevor unser Bewusstsein anspringt, werden unsere Entscheidungen schon unterbewusst vorentschieden. Die Veto-Freiheit des Bewusstseins endet rund eine Fünftelsekunde vor einer jeweiligen Handlung, danach lässt sie sich nicht mehr stoppen.*) Leben ist ununterbrochener Wandel. Jeder Tag ist ein neuer Tag mit vielen Möglichkeiten. Gewohnheiten, die Routinen erzeugen und das Leben vorhersehbar erscheinen lassen, sind trügerisch, wie wir alle wissen. Wer lebt, der ist in Bewegung. Bewegung bringt Wandel. Stillstand ist überhaupt nicht möglich. Ich könnte also gar nicht noch einmal so leben wie gehabt. Selbst in diesem einen Leben kann ich die Momente des Jetzt nicht wiederholen oder reproduzieren. Dass wir trotzdem das Gefühl haben, Situationen würden sich häufig wiederholen, erscheint uns so, weil uns die permanente Gesamtschau der komplexen Zusammenhänge fehlt, sodass wir immer Ähnliches erwarten, wahrnehmen und produzieren und die gigantische Anzahl der mitschwingenden Varianten ausblenden. Unser Bewusstsein ist nun mal sehr gegrenzt, deshalb sitzen wir alle ja hier, um uns damit zu beschäftigen.

Wir können gegenüber dem Offensichtlichen blind sein, und wir sind darüber hinaus blind für unsere Blindheit. (aus: Schnelles Denken, langsames Denken von Daniel Kahneman, S. 37, Pantheon, 2015)

29
Anhang B

Auszüge aus meinem Buch *Die Pause der Tänzerin*

Als 2008 das Buch *Die Pause der Tänzerin, Der Weg, das absolute Potenzial zu leben,* fertig und auf dem Markt war, arbeitete ich natürlich weiter an dem Thema. Allerdings durchkreuzte das Leben meine Pläne zu einem 2. Buch, sodass die Weiterarbeit bis 2015 warten musste. An dieser Stelle möchte ich einige Auszüge aus *Der Tänzerin* anbringen, denn das Buch ist längst vergriffen, steht aber natürlich in enger Verbindung zu dem Buch, dass Sie gerade in den Händen halten.

S. 25
Das "Feld des absoluten reinen Potenzials" sind die unbegrenzten, sich auflösenden – neu schaffenden, mischenden, wechselwirksam beeinflussenden Dimensionen existierender Möglichkeiten.

S. 28
Das Potenzial erschließt sich dem Menschen nicht durch Arbeit, Anstrengung, Konzentration, Willenskraft, Techniken, sondern ausschließlich durch das "Nicht Tun", durch das einfache Sein und das achtsame, bewusste Mitschwingen, während das einfache Sein naturgemäß das ist, was es ist, und nicht das, was wir von ihm erwarten. Das Potenzial will zugelassen sein, es ist aktiver Anteil des Seins, dass sich permanent erschafft und wandelt. Unsere menschlichen Zielvorstellungen und der egoistische Wille blockieren in der Regel die dynamische Entwicklung des Potenzials, weil Vorstellungen und Wille zu der Abteilung isolierte, eingefrorene Wirklichkeit gehören, und mit dieser Verhaltensweise das Leben und die Möglichkeit der Potenzialentfaltung

abtrennen. Die Idee des Lebens wird verfolgt, das Leben wird verpasst.

S.85

Für unser Dasein sind Informationen von Bedeutung, die von der Energie getragen werden. Informationen der Ewigkeit über einfach alles. Das Wechselspiel der Resonanzen hebt durch uns das Eine wie das Andere aus dem Nichts. Wenn wir die Weite auf diese Weise manipulieren, fixieren wir Momente, denen wir einen Informationswert zuordnen. Wir nennen diesen engen, verdichteten Augenblick Realität.

S. 15

Das Abgrenzen einzelner Daseinsphänomene zwecks Wahrnehmung und Beschreibung ist immer ein isolierter Sonderzustand, in dem versucht wird, die Realität zu benennen.

Da die Realität aber ein dynamischer Prozess ist, kann sie als solcher, als ganzes, komplexes Phänomen gar nicht beschrieben werden. Realität kann ausschließlich als Sein gelebt werden. Die Realität ist ein Konzept in unserer Vorstellung für hervorgehobene Bruchstücke, isolierte Bestandteile aus dem Gesamtgefüge des Seins, das von unserem Unterbewusstsein gesteuert und von unserem Bewusstsein bestätigt oder korrigiert wird. Durch diese Eingrenzung entsteht eine Verzerrung des Seins, die von uns allgemein als die Realität bezeichnet wird.

S. 20

Das Chaos menschlicher Entscheidungen und Handlungen ist immens, denn wir glauben, dass unsere Entscheidungen aus Intelligenz heraus entstehen, aus Verständnis, aus Analyse. Welch fataler Irrtum! Der Wert des Bewusstseins wird in den intelligenten Schlüssen, zu denen es scheinbar fähig ist, gesehen, aber das Bewusstsein dient dem "wachen Sein", der Präsenz in der Gegenwart, denn die intelligenten Schlussfolgerungen beziehen sich ja nur auf ganz winzige, isolierte, vergangene Ausschnitte eines komplexen Ganzen. Das "bewusste Sein", die wache Präsenz, ist die Lebensform, die eines Menschen würdig und absolut notwendig ist.

Wir benutzen die wache Präsenz, das bewusste Sein, um aus dem Potenzialfeld sich Möglichkeiten anordnen zu lassen, die sich optimal auf das "Jetzt", den einmaligen, vergänglichen Moment beziehen, damit der einzigartige Moment nicht ausschließlich den angelegten Mustern des Unterbewusstseins angepasst wird, wie es in der Regel der Fall ist.

S. 11

Das Leben, die Wirklichkeit kann nur gelebt, aber nicht beschrieben werden. Wenn Menschen sich unterhalten, treffen also immer die eigenen, eingefrorenen Ausschnitte aufeinander.

S.77

Die Zukunft wird im ewigen Jetzt geboren und findet im ewigen Jetzt ihren Auslöser.

Das ewige Jetzt trägt jedes Potenzial. Die Vergangenheit lebt im Jetzt, die Zukunft beruht auf dem Jetzt, nur das Jetzt ist Wirklichkeit. Im Jetzt, in der Gegenwart, sind wir mit jeder Energie, mit jeder Information, mit dem Potenzial *eins*.

S. 43

Im Mentaltraining akzeptiert man das Beobachtete und ist sich des Potenzials bewusst, dass unser Unterbewusstsein zu Entscheidungen animiert. Man lernt die kooperative Arbeitsweise von unserem Unterbewusstsein, dem Bewusstsein und dem "Feld des absoluten reinen Potenzials" kennen, und lernt das gesamte Potenzial als Wahlmöglichkeit zu akzeptieren, je nach den Erfordernissen des Seinsmomentes. Beide Techniken erschließen uns die eigenen, bestehenden Konstruktionen der Vorstellungen von Realität. Während in der

Meditation das Nichts unser Bewusstsein erfüllt, so definiert man beim Mentaltraining deutlich das Beobachtete, damit es zunehmend klar im Bewusstsein erscheint. Die hemmende Wirkung, die durch die vielfältig arbeitenden Muster auf das bewusste Sein und auf das Jetzt entsteht, wird erkannt. Weiterhin kann festgestellt werden, dass jede mentale Festlegung, das Einfrieren der Expansion durch Benennung, einen Kreislauf schafft..... eine Endlosschleife.

S.10
....Dabei wird übersehen, dass eine bestimmte Erscheinung in dem Augenblick, indem wir sie wahrnehmen, isoliert und hervorgehoben wird, um sie dann in Bezug zu stellen und als Wahrheit, Realität, Wirklichkeit zu verstehen. Niemals kann dies als Wirklichkeit bezeichnet werden und damit die Wahrheit darstellen, denn die Erscheinung wurde aus der Dynamik der Wirklichkeit herausgerissen und eingefroren, andere Erscheinungsmöglichkeiten wurden ignoriert.
Das alles hat nichts mit Realität, Wirklichkeit zu tun. Realität findet immer im jeweiligen Augenblick, im Jetzt statt, und bietet uns endlose Wahlmöglichkeiten der Bezugnahme.

S. 17

Das von uns so gern hervorgehobene Bewusstsein trägt zu einer Entscheidungsfindung, auf der dann die folgenden Aktionen basieren, im direkten Sinne praktisch nichts bei.

S.30

Istzustand und Sollzustand sind ständig in Veränderung begriffene Kreationen der Vorstellung, die sich ihrer begrenzten Bezugspunkte, Bezugszeiten und Bezugsinhalte nicht bewusst ist. Die daraus entstehende permanente Entwicklung ist ein Wechselspiel von Gewohnheiten und Veränderungen, von bekannt und unbekannt, von hier und da. Wenn das Hier verlassen und das Da erreicht wird, ist es auch schon das Hier, das sich zum Da bewegt. Eine unaufhaltsame Bewegung, ein ewiger Wandel, eine ständige Evolution des Seins findet statt. Wir erreichen immer einen Istzustand, in den sich sofort jeder Sollzustand wandelt. Dieser Istzustand zeigt sich zu komplex und zu flüchtig für unsere Auffassungsgabe und unsere Vorstellungskraft.

S.32

Meditation geschieht im jetzigen Augenblick ohne Zielvorstellung und ohne Erwartung, sie ist der Moment des puren Seins. Ich bin, was geschieht. Es geschieht, was ich bin. Ich bin. ……

Im Meditationszustand ist genau, wie im „Feld des absoluten reinen Potenzials", das "Nichts" mit dem Potenzial zu jeder Möglichkeit vorhanden. Ein Impuls genügt, und die Dynamisierung nimmt ihren Lauf. Das ist die wesentliche Erfahrung. (der Meditation)

S.48

Wenn die Stille, die Leere, das Nichts sich durch einen Impuls dynamisieren, bietet das Potenzial alle Möglichkeiten der Erscheinungsweisen auf immaterieller und materieller Ebene in Wechselwirkung und Vielschichtigkeit.

Das Sein findet seinen Ausdruck durch den Ausdrückenden, der die Unterscheidung wählt, und durch sich selbst als Nichts mit ewigem Potenzial zu Allem. Ob und wann der Ausdrückende wählt, was, wie und warum er wählt, macht seine Seinsqualitäten aus. ………

Menschsein heißt – wählen zu können, *wirklich* wählen zu können.

30
Nur für Dich

Unser derzeitiges kollektive und persönliche menschliche Bewusstsein, unsere Empfindungen und Gefühle, unsere Aufmerksamkeitsausrichtungen, unser Überblick, der Gesamtzusammenhänge erkennt (oder nicht) und unser jeder Verhalten begründet, *führt verstärkt in die weitere Gängelung und Ausnutzung der meisten Menschen auf der Erde, führt möglicherweise auch in den Abgrund und zerstört einen sehr großen Teil der Menschheit (vielleicht alle) und eventuell den Planeten*, oder führt in eine wirklich freiheitliche Humangesellschaft zur Förderung des menschenwürdigen Lebens für j e d e n Erdenbewohner auf unserem Planeten. *Noch ist das Bewusstsein mehr oder weniger frei. Wie lange noch, ist sehr schwer zu sagen, denn die Manipulationsmöglichkeiten sind sehr weit entwickelt und im permanenten praktischen Einsatz.*

Menschliche Realitäten sind ein einfacher Glaube mit Emotion. Diese geglaubten Realitäten der Menschen stehen in Konkurrenz zueinander und/oder basieren auf einem gemeinsamen Glaubensfundament, auf dem viele Glaubensrealitäten als Grundannahme vorausgesetzt werden. (Axiom: grundlegender Lehrsatz, der ohne Beweis einleuchtet; Annahme als Grundlage eines wissenschaftlichen Systems)

Liebe Mitmenschen,

wir alle erleben die Geschehnisse unserer Zeit unterschiedlich, je nachdem in welchen Lebensumständen wir uns befinden.

Uns alle eint unser Menschsein und unser gemeinsames Dasein auf diesem Planeten.

Wir alle wissen um unsere Verantwortung als Menschen für dieses gemeinsame Dasein.

Diese Verantwortung können wir nicht abgeben, sondern nur teilen.

Wir teilen sinnvoll, indem unsere Gesellschaften eine Bewusst – Seins – Kultur entwickeln und praktizieren, die ein Leben aller Menschen, aller Lebewesen dieses Planeten wertschätzen, schützen und fördern.

Meine lieben Freunde, das Leben ist einzigartig, unwiederholbar und damit unsagbar wertvoll. Für jedes einzige Lebewesen.

Reduziert nachhaltig Gewalt, Vergewaltigung, Mord, Krieg, Zerstörung, Raub, Bedrohung, Gier, Hass, Rücksichtslosigkeit, Anmaßung, Manipulation,…….

Wandelt diese selbst produzierten Geißeln der Menschheit in Solidarität, Verständnis, Mitgefühl, Kooperation, Güte, Aufrichtigkeit, Hilfsbereitschaft und Verantwortung durch Bewusst – Sein. (siehe S.94 D.L.) Aus Liebe zu Dir, zu mir und zu den Wundern des Lebens.

„Ja aber die Anderen", ist Deine Antwort? Nein, es geht nur um Dich. Für jeden auf der Welt bist Du der Andere.

31
Literatur

Dr.med. Eben Alexander: Blick in die Ewigkeit, die faszinierende Nahtoderfahrung eines Neurochirurgen, Ansata, 2013;

Fred von Allmen: Die Freiheit entdecken, Vipassana Meditation im Westen, Theseus Verlag, 1990;

Arntz, Chasse, Vicente: Bleep – an der Schnittstelle von Spiritualität und Wissenschaft, VAK Verlag 2006;

Balder/Dreksler: Wunsch Bullshit im Universum, Pacific Productions Köln, 2007;

Joachim Bauer: Warum ich fühle, was du fühlst, Intuitive Kommunikation und das Geheimnis der Spiegelneurone, Heyne 2006;

Dr. Richard Bartlett: Die Physik der Wunder – wie Sie auf das Energiefeld Ihres Potenzials zugeifen, VAK Verlag 2010;

Volker J. Becker: Gottes geheime Gedanken, Lotos Verlag 2008;

Becker/Potschtar: Russische Informationsmedizin, Goldmann Verlag, 2014;

Bender/Draksal: Das Lexikon der Mentaltechniken, Draksal Verlag, 2011;

Besserman/Steger: Verrückte Wolken, Zen – Meister Zen Rebellen, Theseus Verlag, 1999;

Nick Begich: Bewusstseins- und Gedankenkontrolle, Michaels Verlag, 2011;

Nils Birbaumer: Dein Gehirn weiß mehr, als du denkst; neueste Erkenntnisse aus der Hirnforschung, Ullstein Verlag, 2015;

Marco Bischhof: Biophotonen – das Licht in unseren Zellen, Zweitausendeins 1996;

John Blofeld: Das Geheime und Erhabene – Mysterien und Magie des Taoismus, O.W. Barth Verlag 1974;

Franz Bludorf/Grazyna Fosar: Niemand ist Nobody, Michaels Verlag, 2006; Intuitive Logik, Mentalstrategien für das Leben, Michaels Verlag, 2010;

Clinton Callahan: Abenteuer Denken, 52 Abenteuerreisen zu größeren Möglichkeiten, Genius Verlag, 2004; Die Kraft des bewussten Fühlens, next culture press, 2014;

Peter J. Carrol: Liber Kaos, Das Psychonomikon, Edition Ananael, 2006;

Liber Null & Psychonautik, Edition Ananael, 2005;

David C. Cassidy: Werner Heisenberg, Leben und Werk, Spektrum Akademischer Verlag, 2001;

Deepak Chopra: Die sieben geistigen Gesetze des Erfolges, Ullstein, 2006; Feuer im Herzen, Diogenes Verlag, 2006; Das Buch der Geheimnisse, Goldmann, 2005; Die unendliche Kraft in uns, BLV-Verlagsgesellschaft, 1992; Die Körperseele, Lübbe, 1991; Die Körperzeit, Lübbe, 1994; Die heilende Kraft, Lübbe, 1990; Gesundsein aus eigener Kraft, BLV-Verlagsgesellschaft, 1989;

Marcus Chown: Warum Gott doch würfelt – über schizophrene Atome und andere Merkwürdigkeiten aus der Quantenwelt – dtv 2012;
Pema Chödrön: Wenn alles zusammenbricht, Hoffmann und Campe, 1998;
Kenneth Cohen: Qi Gong, Wolfgang Krüger Verlag, 1998;
Dalai Lama: Mit dem Herzen denken – Mitgefühl und Intelligenz sind die Basis menschlichen Miteinanders, O.W. Barth Verlag 1998; Ethik ist wichtiger als Religion, benevento, 2015;
Thorwald Dethlefsen: Schicksal als Chance, Goldmann, 1979;
Dr. Joe Dispenza: Ein neues Ich, Koha, 2012;
Norman Doidge: Wie das Gehirn heilt - neueste Erkenntnisse aus der Neurowissenschaft, Campus, 2015;
Larry Dossey: One Mind, Alles ist mit allem verbunden, crotona Verlag, 2014;
Hans-Peter Dürr: Es gibt keine Materie, crotona, 2012; Geist, Kosmos und Physik, Gedanken über die Einheit des Lebens, crotona, 2012;
Hans Eberspächer: Mentales Training, Das Handbuch für Trainer und Sportler, Copress Verlag, 2007;
Egger, Zwick, Shi Yong, Knoll: Mehr Energie durch Shaolin-Qi Gong, Die Übungen der Mönche für Stressabbau und Leistungssteigerung, Springer Verlag, Wien, 2006;
Paul Ferrini: Denn Christus lebt in jedem von euch, Aurum Verlag, 1999;
Frater V.D.: Schule der Hohen Magie 1 & 2, Ansata, 2011;
Jan Fries:Visuelle Magie,Ein Handbuch des Freistilschamanismus, Edition Ananael, 2011
Markus Gabriel: Ich ist nicht Gehirn, Ullstein, 2015; Warum es die Welt nicht gibt, Ullstein, 2013;
Shakti Gawain: Stell dir vor, Kreativ visualisieren, rororo 2004;
Murray Gell – Mann: Das Quark und der Jaguar, Piper Verlag 1994;
Daniel Goleman: Emotionale Intelligenz, dtv, 1997;
Lama Anagirika Govinda: Grundlagen tibetischer Mystik, O.W. Barth Verlag, Ausgabe 1988 (Erstausgabe 1956); und Schöpferische Meditation und multidimensionales Bewusstsein, Aurum Verlag, 1977;
Lilo Göttermann (Hg.): Querdenken 2013, Knaur Taschenbuch Verlag, 2012;
Fred Gratzon: the lazy way to succes – ohne Anstrengung alles erreichen, J. Kamphausen Verlag, 2007;
Arno Gruen: Verratene Liebe – Falsche Götter, Klett-Cotta, 2003;
Thich Nhat Hanh: The Art of Power – Die Kunst, mit Macht richtig umzugehen, Herder 2012;
Rick Hanson: Denken wie ein Buddha, Irisiana, 2014;
Michael Harner: Der Weg des Schamanen, Heyne, 2013;
Stephen Hawking & Leonhard Mlodinow: Der große Entwurf – eine neue Erklärung des Universums, Rowohlt Verlag 2010; Das Universum in der Nussschale, Hoffmann und Campe, 2001;

Dr. Roderich Heinze/Sabine Vohmann-Heinze, NLP – mehr Wohlbefinden und Gesundheit, Gräfe und Unzer,

Judith Herman: Die Narben der Gewalt – traumatische Erfahrungen verstehen und überwinden, Junfermann Verlag 2006;

Hermann Hesse: Siddhartha, Suhrkamp, 1999;

Stéphane Hessel: Empörung – Meine Bilanz, Droemer, 2015; Hessel/Dalai Lama: Wir erklären den Frieden, Ullstein, 2012; Hessel/Edgar Morin: Wege der Hoffnung, Ullstein, 2012;

Huang/Lynch: Tao Sport, denkender Körper - tanzender Geist, Verlag Herrmann Bauer, 1992;

M. & K. Holitzka: Der kosmische Wissensspeicher, Schirner Verlag 2002;

Phillip Hübl: Der Untergrund des Denkens, eine Philosophie des Unbewussten, Rowohlt, 2015;

Gerald Hüther: Was wir sind und was wir sein könnten, Ein neurobiologischer Mutmacher, S. Fischer Verlag, 2011;

Kabir Jaffe/Ritama Davidson: Indigo – Erwachsene, Wegbereiter einer neuen Gesellschaft, Amra, 2008;

Jon Kabat-Zinn: Gesund durch Meditation, O.W. Barth, 1998;

Peter Kafka: Das Grundgesetz vom Aufstieg, Carl Hanser Verlag, 1989;

Daniel Kahneman: Schnelles Denken, langsames Denken, Pantheon, 2015;

Michel Klostermann: Auroville, Stadt des Zukunftsmenschen, Fischer, 1977;

Krishnamurti: Fragen und Antworten, Aquamarin Verlag 1973/2001;

Ervin Laszlo: Zu Hause im Universum, Allegria Verlag, 2007; & Holos – die Welt der neuen Wissenschaften, Vianova Verlag, 2002; & Kosmische Kreativität, Insel Verlag, 1997; & Der Quantensprung im globalen Gedächtnis, Vianova Verlag, 2008; Wie kann ich die Welt verändern, Ullstein TB 2006;

Felix Lau: Die Form der Paradoxie – eine Einführung in die Mathematik und Philosophie der "Laws of Form" von G. Spencer Brown, Carl-Auer Verlag 2008;

Gustave Le Bon: Psychologie der Massen, Nikol Verlag 1911/2009;

Bruce Lee: Jeet Kune Do, Falken Verlag, 1993;

Monika & Gabi Lind: Taijiquan & Qigong Lexikon, Kolibri Verlag 1995;

Pim van Lommel: Endloses Bewusstsein, neue medizinische Fakten zur Nahtoderfahrung, Knaur, 2013;

Wolfe Lowenthal: Es gibt keine Geheimnisse, Kolibri Verlag, 1993;

Manfred Lütz: Bluff, die Fälschung der Welt, Droemer, 2012;

William S. Lyon: Black Elk, Schamane der Lakota, O.W.Barth, 1998;

Hubert Mania: Stephen Hawking, Monographie, rororo, 2011;

Jeane Manning: Freie Energie – die Revolution des 21. Jahrhunderts, Omega Verlag 1998;

Lynne McTaggert: The Bond, wie in unserer Quantenwelt alles miteinander verbunden ist, Arkana, 2011; und: Das Nullpunktt-Feld, Goldmann Arkana, 2007;

Intention, Mit Gedankenkraft die Welt verändern, VAK Verlag, 2013;

Iain Mc Calman: Der letzte Alchemist, Die Geschichte des Grafen Cagliostro, Insel Verlag, 2004;

Ernst Meckelburg: Zeittunnel, Reisen an den Rand der Ewigkeit, Langen Müller, 1992;

Morpheus: Die Realitätenmacher – Physik des Bewusstseins, Trinity Verlag 2005;

Jim Morrison: Die verlorenen Schriften von Jim Morrison, Wildnis, Schirmer's Visuelle Bibliothek, 1989;

Ralp Metzner: Der Brunnen der Erinnerung, von den mythologischen Wurzeln unserer Kultur, Aurum, 1994

Yagyu Munenori: Der Weg des Samurai, Anleitung zum strategischen Handeln, Piper Verlag, 2002;

Michael Murphy: Der Quanten Mensch, Integral, 1998;

Mutter Meera: Antworten, Adilakshmi Verlag, 1994;

Stuart Olson (Hg.) Das Qi pflegen, die geheimen Trainingsdokumente der Yang Familie, Aurum, 2000;

Osho: Jetzt oder nie, Freiheit & Verantwortung, Allegria Verlag, 2005;

Das Orangene Buch, Osho Verlag, 1998;

Ulrich Ott: Meditation für Skeptiker, O.W. Barth Verlag, 2010;

Eric Pearl: Reconnection, Heilung durch Rückverbindung, KOHA Verlag, 2007;

Dean Radin: Supernormal, Faszinierende Beweise für die unglaublichen Kräfte des Menschen, Crotona, 2015;

Ramakrishna: Leben und Gedächtnis, O.W. Barth Verlag, 1975;

Penny Sartori: Nahtod – Erfahrungen als Neuanfang, was wirklich wichtig ist im Leben, Aquamarin Verlag, 2015;

Stefan Schaffelhuber: Inner Coaching, Ullstein Verlag, 1993;

Gernot Schauer: NLP als Psychotherapie, Junfermannsche Verlagsbuchhandlung, 1995;

Kai Schlieter: Die Herrschaftsformel, wie künstliche Intelligenz uns berechnet, steuert und unser Leben verändert, Westend, 2015;

Alois Serwaty/Joachim Nicolay: Nahtod und Transzendenz, eine Annäherung aus Wissenschaft und Erfahrung, Santiago Verlag, 2008;

Rupert Sheldrake: Der siebte Sinn des Menschen - Gedankenübertragung, Vorahnungen u.a. unerklärliche Fähigkeiten, Scherz Verlag 2003; & Sieben Experimente, die die Welt verändern können, Scherz Verlag 1998; & Die Wiedergeburt der Natur, Scherz Verlag 1992; & Sheldrake&Fox: Der Dialog zwischen Wissenschaft und Spiritualität, O.W. Barth Verlag 1998; & Rupert Sheldrake in der Diskussion von Dürr & Gottwald, Scherz Verlag 1997;

Florence Scovel Shinn: Das Lebensspiel und seine Regeln, Wissenschaftlicher Verlag, August Steu, Lindau/B. (1970ger Jahre, keine genaue Angabe)

Jose Silva/Philip Miele: Silva – Mind Control, Steigerung der Kreativität und Leistungsfähigkeit des menschlichen Geistes, Ullstein Verlag 2004;

Sogyal Rinpoche: Das tibetische Buch vom Leben und Sterben, Otto Wilhelm Barth Verlag, 1995;

Song Z.J.: Tai Chi Chuan, Die Grundlagen, Piper, 1991; und Die Formenlehre, Piper, 1991; und Übungen für Fortgeschrittene, Piper, 1994;

Jörg Starkmuth: Die Entstehung der Realität – wie das Bewusstsein die Welt erschafft, Eigenverlag 2008;

Rudolf Steiner: Aus der Akasha-Chronik, Rudolf Steiner Verlag 1975; & Wie erlangt man Erkenntnisse der höheren Welten, Rudolf Steiner Verlag 1975;

Hal und Sidra Stone: Du bist viele, Das 100fache Selbst und seine Entdeckung durch die Voice-Dialogue-Methode, Heyne, 1995;

Daniel Tammet: Wolkenspringer, von einem genialen Autisten lernen, Patmos, 2009;

Russel Targ: PSI, Die Welt ist anders, als sie zu sein scheint, crotona, 2013;

Kurt Tepperwein: Kraftquelle Mentaltraining, Goldmann 1993; Mentaltraining, Heinrich Hugendubel Verlag, 2006;

Klaus Thalheim: Die Pause der Tänzerin - der Weg, das absolute Potenzial zu leben, Verlag Books on Demand 2008;

Eckhart Tolle: Jetzt, die Kraft der Gegenwart, J. Kamphausen Verlag, 2003;

Michael Tschechow: Werkgeheimnisse der Schauspielkunst, Werner Classen Verlag, 1979;

Ulrich Warnke: Quantenphilosophie und Spiritualität, Scorpio, 2011;

Renée Weber: Alles Leben ist Eins, Die Begegnung von Quantenphysik und Mystik, Crotona, 2012;

Richard Wilhelm: I Ging, Das Buch der Wandlungen, Diederichs, 1970;

Brigitte Witzer: Die Diktatur der Dummen, Heyne 2014;

Stephen Wolinsky: Die Essenz der Quantenpsychologie – durchschauen, wer wir nicht sind, VAK Verlag 2007;

Paramahansa Yogananda: Autobiographie eines Yogi, Knaur, 1992;

Maharishi Mahesh Yogi: Die Wissenschaft vom Sein und die Kunst des Lebens, International SRM Publications, 1969; Yoga Asanas, SRM geistige Erneuerungsbewegung e.V., 1962;

Carlos Ruiz Zafón: Marina, Roman, Weltbild, 2012;

Gary Zukav: Die tanzenden Wu Li Meister, rororo, 1993;

Zeitschriften:

Hohe Luft kompakt, Sonderheft 1/15, Die großen Philosophen unserer Zeit im Gespräch;

Matrix – Band 69, Juni 2012;

Raum & Zeit – 3. Jahrgang 2011, Nr.9 – Quantenphysik und Bewusstsein;

Tattva Viveka, Ausgabe 49/11-2011;

Ursache & Wirkung, Reiseführer Meditation, Sommer 2015, U&W92)

Welt der Wunder, Ausgabe 9/2007

Zeitgeist – 15. Jahrgang, 2012 – Lüge und Wahrheit in der Wissenschaft

Der Spiegel, Nr.15 / 9.4.2016, S.94-96 Der freie Un – Wille von Hilmar Schmundt;

32
Inhaltsverzeichnis

Seite 003   01 Subjektive und objektive Gestimmtheit
Seite 010   02 Es gibt nichts Konstantes
Seite 013   03 Mentaltraining
Seite 016   04 Gewichtige Mitspieler
Seite 021   05 Futter
Seite 023   06 Solve et coagula
Seite 025   07 Urknall
Seite 027   08 Quanten, Bewusstsein und so weiter
Seite 031   09 Wir erinnern uns nur an das, was nie geschehen ist
Seite 033   10 Wo liegt die Betonung des S G Mentaltrainings
Seite 042   11 Existenz durch Beziehung
Seite 047   12 Kernsätze des Sui Generis Mentaltrainings
Seite 050   13 Lösung – Essenz – das Wesentliche
Seite 055   14 Antrieb, Motivation
Seite 061   15 Das Jetzt und das absolute reine Potenzial
Seite 062   16 Kartenspiel
Seite 066   17 Resonanz
Seite 069   18 Die Familie des Sui Generis Mentaltrainings
Seite 078   19 Tai Chi Chuan
Seite 083   20 Kleine Auflockerung
Seite 089   21 Verdichtet
Seite 094   22 Wird der Mensch noch gebraucht?
Seite 098   23 Eine kleine Auswahl praktischen Vorgehens

- Seite 103 24 Neutralisieren der Gesamtkonzeption
- Seite 106 25 Schlusswort
- Seite 108 26 Zur Person
- Seite 109 27 Glossar
- Seite 114 28 Anhang: Fragen bei Seminaren, Kursen, Vorträgen
- Seite 132 29 Anhang B:
- Seite 140 30 Nur für Dich
- Seite 142 31 Literatur
- Seite 147 32 Inhaltsverzeichnis